HUGO CLAUS
"WAT BEKOMMERT ZICH DE LEEUW OM DE VLOOIEN IN ZIJN VACHT"

HUGO CLAUS
"WAT BEKOMMERT ZICH DE LEEUW OM DE VLOOIEN IN ZIJN VACHT"

VIJFTIG JAAR BESCHOUWING IN CITATEN, TEKENINGEN EN OVERZICHTEN

Onder redactie van
Georges Wildemeersch en Gwennie Debergh

STUDIE- EN DOCUMENTATIECENTRUM HUGO CLAUS
PEETERS

1999

ISBN 90-429-0769-X
D. 1999/0602/58

© 1999 – Uitgeverij Peeters, Bondgenotenlaan 153, B-3000 Leuven
© foto omslag Vincent Menutzel, Rotterdam

Inhoud

Inleiding

Het begin is typisch, en het bevat reeds alle ingrediënten die het beeld van de auteur en zijn werk een halve eeuw lang zullen beheersen.

De eerste bespreking van Hugo Claus' debuutroman *De Metsiers* – dan nog *De eendenjacht* geheten – is uitermate lovend. "Een roman van een tragische beklemming, van een envergure zoals wij nog niet kenden", "een adembenemende, prachtig onttakelde, hortende stijl", "een der sterkste werken uit de laatste jaren". De lof mag niet verbazen: Claus, negentien jaar, schreef de bespreking namelijk zelf. Geïllustreerd met een opvallend zelfportret van de auteur – toegeschreven aan ene R. Cocteau – verscheen zij in het Gentse studentenblad *Ons Verbond* van november 1948, ruim twee jaar voor het boek daadwerkelijk op de markt kwam.

Zoveel is duidelijk: hier is een ambitieuze en zelfbewuste jongeman aan het woord, die niet laboreert aan valse bescheidenheid en die later nog talloze boutades zal debiteren zoals "Ik zal mijzelf nog verschillende keren overtreffen." [*De Nieuwe Linie*, 3 juli 1965] en "Ik heb tal van gebreken, maar mijn hoogmoed is wel het vervelendste." [*Ons Land*, 30 november 1968]. Hier komt ook voor het eerst de pientere knaap aan het woord, die zich al snel ontwikkelen zal tot een schrijver met de feeling en de flair van een bijdehante middenstander. "Ik ben een kunstenaar die heel nauwgezet aan iets werkt, maar een keer dat het kunstwerk af is wil ik er ook centen voor hebben. Op dat moment verander ik in een hebberige kruidenier." [*Humo*, 6 januari 1972].

De naam waaronder Claus zijn bespreking publiceerde, was deze van zijn vriend Anatole Ghekiere. In 1950 publiceerde hij onder dezelfde naam zijn eigenlijke prozadebuut in boekvorm, een verslag van de bezetting van het Gravensteen door de Gentse studenten onder de titel *Die waere ende suevere Chronyke van sGraevensteene*. Claus zette zijn carrière als prozaïst in met een tweevoudige mystificatie. Ook dat is typisch voor deze auteur, die

BOEKUIL

EEN JONGERE VAN GROOT FORMAAT:
Hugo CLAUS : De Eendenjacht

Het debuut van Hugo Claus als dichter, in 1947 met « Kleine Reeks », was een verrassing. Demedts gewaagde : « Claus heeft het meest bereikt onder de debutanten sedert de bevrijding, door een voor een jongere zeldzame zuiverheid en treffend accent ». Walravens ontdekte : « een waar poëtisch temperament ». Thans ook van Hugo Claus een romandebuut : DE EENDENJACHT. En het is het werk geworden, dat wij niet durf-

Tekening door R. Cocteau
HUGO CLAUS (exclusief)

beklemming, van een envergure, zoals wij nog niet kenden sedert : « Het Recht van de Sterkste » van Cyriel Buysse en « Abel Gholaerts » van Louis-Paul Boon, want te situeren is DE EENDEN-JACHT niet, en slechts onvoldoende-min-tien tussen die twee polen van a) een verworvenheid in zijn tijd, en b) een groots opzet, zonder fundering.

Een thema, dat nog niet in Vlaanderen werd behandeld, namelijk het incest. Een uitbeelding, waarvan wij het equivalent, niet eens in het genre kennen bij ons, en dat analogie vertoont met de « psycho-Thrillers » van J. Cain en Hays.

Het is een zeer ongewoon boek geworden. Een legertje tammen en verdorden naar geest en bloed, zullen in deze roman een provocatie zien, zich geschokt en uit hun rust verstoord gevoelen om wat krasse taal en hier of daar een voor hen hinderlijk detail. Maar ik zei : de verdorden en de tammen.

Het verhaal is niet van een dagelijkse eenvoud, maar zuiver en direct behandeld.

Op de Metsiers-hoeve, van het dorp afgezonderd, gehaat en bespot, leven : de Moeder, een haast Bijbelse figuur, de man Mon, die sedert 25 jaar bij haar inwoont, en waarvan niemand de herkomst of het doel kent, de zoon Bennie, een eenvoudige van geest, en Ana de dochter.

Een « Huis-clos » dus. En de onttakeling van het gezin begint bij de eerste hoofdstukken, waar Ana een kind krijgt, dat zij niet wil, breekt uit door de inkwartiering van een Amerikaanse soldaat, die Ana wil huwen, tot een totale ineenstorting : « Wie zal ons nu helpen ? » — in de laatste bladzijden, door de moord op Bennie.

Daartussen de onmenselijk-schone verwantschap tussen Bennie en Ana, het geeft het enige lichtpunt aan in dit rauw en somber boek, en het is de verbondene liefde. « Niemand kan dat verdedigen », schrijft de auteur, maar wint bij ons het pleit. Want, alhoewel slechts de dood van Bennie dé daad verhindert, was er geen incest, want zij beminden elkaar om de verwantschap, om hun ander ik, en daardoor is de kans op liefde ook vergaan, maar juist daarom ook zijn de « préliminaires » van hun liefde zo aangrijpend en tragisch geworden. B. v. een gelijkenis, die magisch-realistisch aandoet; terwijl Ana in de stad den te verwachten, een roman van een tragische

15

bij een vroedvrouw is en aan Bennie denkt, hoort deze haar in het dorp naar hem gillen!

De personages van de roman leggen alle verwachtingen af, naarmate hun belevenis verderschrijdt, tot de ineenstorting.

En hier kan ik nog op wijzen, hoe bizonder modern hier een les van Racine geworden is, die Claus heeft getransponeerd, tegen alle bestaande modes in : Niet de volledige karakters van de Metsiers, maar die belichting, die zijde, dat facet, tot het paroxysme opgevoerd om het verhaal. En wat dit boek aan intensiteit vooral doet toenemen is een adembenemende, prachtig onttakelde, hortende stijl, er is een beweging in Claus' stijl, die doorheen « DE EENDENJACHT » als ebbe en vloed is geworden. Dit versterkt door het exclusieve gebruik van het « monologue intérieur » Céline ? — Joyce ? — Ik doe er beter aan het woord van Faulkner in « Mosquito's » aan te halen : « De woorden zijn als eikels, elk onder hen zal geen boom voortbrengen, maar als je er voldoende hoeveelheid hebt, krijg je een boom. De soberheid van Claus' stijl heeft niets gemeen met die van Faulkner, maar een herinnering wordt aan de grote Amerikaan opgeroepen, even, om het procédé van het « monologue », en ook om de onmeedogende, hallucinérende eenvoud van het drama-zelf.

Alhoewel de gedachtengang van de verschillende personages simultaan loopt — nooit in de tijd ! — heeft het « monologue » van Claus een boeiende levendigheid. B. v. na een bizonder emotieve passage, waar Mon Bennie naar huis draagt leest direct daarop de knecht Jules in het huis een hoofdstuk uit de Navolging Christi.

Want er is iets te zeggen over de godsdienstige toon in « De Eendenjacht » die door het schrille licht heen van de heidense, een ,oaar maal scabreuse toestanden, nog gauw als heiligschennend zou kunnen worden betiteld, alhoewel ik er weer de verdorden en de tammen de schuld zal van geven. De erotiek in « De Eendenjacht », die nochtans niet overwegend het karakter van de sexualiteit draagt was natuurlijk een andante passionata in dit hevig conflict der hartstochten. Maar HET leidmotiv van de roman, en dat van Claus' werk in het algemeen is dat van de onverbiddelijke eenzaamheid, die nooit gemilderd wordt.

Als Ana zich aan de Amerikaan levert, vraagt hij : « Ben je niet bang ? » — en dan antwoordt zij « Reeds afwezig : — Waarom ? », en ook het kleine tedere citaat vooraan uit het boek wijst paradoxaal op de eenzaamheid : « Si tout amour prendroy» racine, j'en planteroye dans mon jardin ». Maar de grenzen van het verhaal blijven strak gespannen, want het is nooit de thesis die ons interesseert, ditmaal, maar wel het exposé. En ons daarin te doen geloven, is het meesterlijk slagen van de roman van Hugo Claus.

De roman « De Eendenjacht » is een der sterkste werken uit de laatste jaren, en ik aarzel niet te noemen : van een tonaliteit, die wij bij ons nog niet hebben vernomen.

Anatole GHEKIERE.

België
en de Nederlanden

Er moge aan herinnerd worden dat de benaming « België » een kind is van de Renaissance toen men vele oude Romeinse benamingen herstelde. Zodoende wordt de naam gebruikt in het Latijn zowel voor de 17 Provincies als later zonder onderscheid voor Noord en voor Zuid. In de Dietse sprake is de term Nederlanden of Nederland in gebruik ook onverschillig voor Noord en Zuid. Het onderscheid tussen Noord en Zuid wordt uitgedrukt door adjectieven of aanvullingen : b.v. Oostenrijkse Nederlanden en Verenigde Provincies der Nederlanden (Fœderatum Belgium). Het is op het einde der 18e eeuw dat in het Frans, het woord « belgique » als adjectief verschijnt meer speciaal om 't Zuiden aan te duiden maar eerder in tegenstelling tot de term « autrichien » dan tot het Noorden : les pays-bas autrichiens worden pays-bas belgiques of états unis.

(Uit Dr. M. Vanhaegendoren : « Onze Strijd om de Vlaamse Waarheid », S.V. De Pijl, Brussel, 1948.)

De vooruitgang van een volk is altijd het werk van zijn élite. Zodra de élite de massa volgt in plaats van haar te leiden is het verval nabij.
G. Le Bon.

16

Bespreking en tekening van Hugo Claus uit het Gentse studentenblad *Ons Verbond*, november 1948. (De zin die begint boven de tekening, loopt door in de laatste regel onderaan rechts naast de tekening en gaat dan weer gewoon verder bovenaan rechts.)

50 jaar lang het spel zal cultiveren, de leugen beoefenen en het masker verheerlijken. Van dit soort schrijver mag de lezer het ergste verwachten: verdoken toespelingen, cryptische verwijzingen, verkeerde citaten, geheime boodschappen, naamloze ontleningen, enz.

Gerrit Komrij heeft Claus ooit getypeerd als "de ijverigste overschrijver uit onze lettertuin" [*Het Parool*, 2 oktober 1971]. Zelf verwijst Claus in verband met zijn debuutroman naar Céline en Sartre (*Huis clos*), naar Faulkner en Joyce (de "monologue intérieur") en naar de psycho-thrillers van Cain en Hays. Tegelijk beklemtoont hij de originaliteit van zijn werk: "een thema dat nog niet in Vlaanderen werd behandeld", "een tonaliteit die wij bij ons nog niet hebben vernomen". Claus verdedigt een relatieve nieuwheid, namelijk wat nieuw is in Vlaanderen. Van meet af aan lijkt hij zich ervan bewust dat aanspraken op oorspronkelijkheid doorgaans berusten op een gebrekkige kennis. 50 jaar lang zal hij beticht worden van een overgroot assimilatievermogen, van imitatiezucht en letterdieverij. Zegt Claus: "Niemand komt uit een boom vallen en ziet de wereld als iets nieuws." [H.U. Jessurun d'Oliveira, *Scheppen riep hij gaat van Au*, Polak & Van Gennep, Amsterdam, 1965, p. 133]

De jonge Claus verwerpt het algemeen geldende, hij heeft lak aan de heersende normen en waarden en hij gaat de provocatie en de confrontatie niet uit de weg. In de bespreking van zijn prozadebuut hekelt hij de "tammen en verdorden naar geest en bloed". Zij en zij alleen zullen zich uitgedaagd en geschokt voelen door het taboe-onderwerp van de incest, een onderwerp dat hij – tegendraads – omschrijft als "de onmenselijk-schone verwantschap" tussen broer en zus, "het enige lichtpunt […] in dit rauw en somber boek". En verder, zo stelt hij, zullen zij ongetwijfeld ook gestoord worden door "wat krasse taal en hier of daar een voor hen hinderlijk detail". Claus wijst er ook op hoe in zijn boek christendom en heidendom om de voorrang strijden en hoe snel "de godsdienstige toon" die in het boek wordt aangeslagen als "heiligschennend zou kunnen worden betiteld, alhoewel ik er weer de verdorden en de tammen de schuld zal van geven." De fundamentalisten en de zedenmeesters zullen Claus' werk 50 jaar lang met argusogen volgen, aanklagen en hekelen. De kunstenaar die niet aanvaardde, werd ook niet aanvaard.

Paul Claes vatte het ooit zo samen: "Leg alle kritieken en recensies over het werk van Hugo Claus naast elkaar, en dan blijkt dat negentig procent van die dingen negatief zijn. "Een grote mislukking", "Een flater van belang", "Verschrikkelijk": dat zijn vreemd genoeg de meest gangbare uitdrukkingen over het werk van Claus. Je kunt dus voor negentig procent worden afgebroken en toch de grootste schrijver van het land zijn." [*Panorama/De Post*, 13 oktober 1994].

Claus had alleen zijn talent om de anderen, de tammen en de verdorden, de mond te snoeren. Met dat talent heeft hij gewoekerd tot ook zijn vijanden tenslotte moesten toegeven dat hij een auteur van de allereerste rang is, een begenadigd kunstenaar en een groot talent. Er is gemakkelijk een boekje als dit te vullen alleen al met de vuilnis die in de loop der jaren in een weekblad als 't *Pallieterke* aan zijn adres werd gespuid. Naar aanleiding van de toekenning van de *Libris Literatuurprijs 1997* stelde het blad onomwonden [28 mei 1997]: "Er is niemand in Vlaanderen die het meesterschap van Claus betwist...". Claus' meesterschap betwisten, dat is precies wat het blad een halve eeuw lang, bladzijde na bladzijde, week in week uit had gedaan. Blijkbaar heeft 50 jaar schimpen ook zijn prijs: geen nitwit die dát ooit heeft verdiend...

Dit boekje wil een beeld oproepen van 50 jaar "Clausbeschouwing". Uit het rijkgevulde knipselarchief van het Studie- en Documentatiecentrum Hugo Claus van de UIA werd hier een kleine greep meningen, oordelen en vooroordelen geselecteerd. Daarbij komen, in chronologische volgorde, uiteenlopende onderwerpen aan bod: de lof en de hoon, het oordeel van de gelovigen en dat van de moralisten, de verwijten van plagiaat en platte commercie, eigen nest-bevuiling en Nederlandse normering. Aparte aandacht wordt besteed aan de visie van de auteur op de kritiek en aan de prijzen en onderscheidingen die hem te beurt vielen.

Deze "ruwe" gegevens worden aangevuld met drie korte, eerder gepubliceerde beschouwingen. Het artikel van Piet Piryns verscheen in het weekblad *Knack* van 16 november 1994, de column van Hugo Camps is ontleend aan *Elseviers Magazine* van 12 juli 1986, terwijl de bijdrage van Paul Claes, waarvan alleen de inleiding werd overgenomen, aanvankelijk verscheen in het poëzietijdschrift *Pi* van juni 1987. Deze laatste bijdrage slaat een brug van de citaten naar de beschouwingen over de stand van de Clausstudie anno 1999. Bert Vanheste gaat na hoe de tekstexterne benadering van Claus' werk (biografie, psychologie, sociologie, schilderkunst...) totnogtoe verlopen is. Dirk de Geest, Gerard Raat en Jaak van Schoor i.s.m. Christel Stalpaert hebben onderzocht wat er reeds gedaan is, resp. op het terrein van de poëzie, van het proza en van het toneel. Tegelijk hebben zij de vraag pogen te beantwoorden waar zich de grootste lacunes bevinden, evt. welke lacunes bij voorkeur dienen aangepakt.

Georges Wildemeersch
Gwennie Debergh

Voor twaalf lezers en een snurkende recensent?
Over de studie van Claus' poëzie

Dirk de Geest

> Ga elders drammen, rijmen van een cent,
> elders beven voor twaalf lezers en een snurkende recensent.
>
> (Hugo Claus, "Envoi")

De verwondering

Een overzicht van (een deel van) de Clausstudie kan niet anders dan aanvangen met enkele elementaire vaststellingen. Men kan er namelijk niet omheen dat het Clausonderzoek – al is het gebruikelijk om zich te beklagen over de geringe aandacht die onze hedendaagse schrijvers te beurt valt – allerminst een marginaal gegeven is binnen het ruime veld van de neerlandistiek (met uitlopers tot ver daarbuiten, in het domein van de algemene en de vergelijkende literatuurstudie). Integendeel, slechts een handvol auteurs kan bogen op zo'n aanzienlijke belangstelling vanuit academische kringen. In dit opzicht hoort Hugo Claus thuis in het prestigieuze rijtje van Simon Vestdijk, Harry Mulisch, Willem Frederik Hermans of Gerard Reve, om maar die coryfeeën te noemen. Bovendien is die wetenschappelijke belangstelling in het specifieke geval van Hugo Claus allerminst een recent verschijnsel; al ruim dertig jaar lang kan men nauwelijks een jaargang van een vakblad openslaan zonder daarin een of andere bijdrage over de duivelskunstenaar Claus aan te treffen. Daarbij komt nog, sedert enkele jaren, de uitgave van *Het teken van de ram*, het "jaarboek voor de Clausstudie" zoals de ondertitel luidt. De tot dusver verschenen volumes van het jaarboek hebben duidelijk een katalyserende functie vervuld in het Clausonderzoek. Binnen dat omvattende onderzoeksgebied bekleedt de poëzie van Hugo Claus, samen met de romanproductie, alleszins een vooraanstaande plaats. Daarbij speelt allereerst een praktisch gegeven mee; door hun "korte" en "afgeronde" karakter lenen afzonderlijke gedichten zich beter tot afgeronde interpretaties in artikelvorm dan lijvige romans of complexe theaterstukken. Daarenboven stelt men vast dat Claus' lyriek als "exemplarisch" wordt beschouwd voor zijn gehele œuvre; zowel de daarin behandelde thema's als bepaalde stilistische strategieën of kwesties van genre en schriftuur blijken via beschouwingen over Claus' gedichten goed te beschrijven en te analyseren. Tenslotte hangt die relatieve voorkeur voor de poëzie in de academische literaire kritiek – zeker tot voor een tiental jaren – ook samen met een bepaalde kritische evaluatie van de auteur. Geregeld treft men in recensies pogingen aan om binnen het omvattende literaire œuvre van Hugo Claus onderverdelingen en prioriteiten aan te brengen. Het heet dan bijvoorbeeld dat de auteur toch bovenal een "geniaal dichter" is. Hoewel zulke kwalificaties in eerste instantie bepaalde teksteigenschappen willen onderstrepen (bijvoorbeeld het "poëtische" karakter van romanbeschrijvingen of theatermonologen), worden ze tegelijk ook strategisch aangebracht om sommige segmenten van Claus' œuvre naar een inferieure positie te verdringen of zelfs ronduit af te wijzen. Het vermeende "poëtische" genie van Claus, zo luidt het dan, staat zijn epische adem of de klassieke theatrale opbouw van zijn stukken in de weg; of omgekeerd blijkt de poëzie van Claus net te "theatraal" of te "verhalend" om als authentieke lyriek te kunnen overtuigen.

De geruchten

1.

Weinig lezers zullen het weten, maar de eerste periode in de Clausstudie – ook wat betreft de poëzie, die in deze bijdrage speciaal aan de orde is – valt reeds te situeren in de vroege jaren zestig. Model voor die eerste systematische aandacht staat het essay in boekvorm dat Johan de Roey in 1964 liet verschijnen bij uitgeverij Lannoo, onder de titel *Hugo Claus. Een poreuze man van steen*. Het betreft hier een soort journalistiek patchwork, een nogal impressionistisch levensverhaal dat wordt opgebouwd via allerlei biografische anekdotes en fragmenten uit interviews, maar evenzeer wordt gelardeerd met citaten uit Claus' literaire werk en de recensies daarvan. Van enige wetenschappelijke ambitie is daarbij geen sprake, al heeft het essay van De Roey onmiskenbaar de verdienste dat het voor het eerst een aantal biografische gegevens verzamelt (met informatie uit de eerste hand). In dit opzicht heeft het mee de basis gevormd voor later biografisch onderzoek, vooral uitgevoerd door Georges Wildemeersch in de opeenvolgende volumes van *Het teken van de ram*.

Het is journalist De Roey in zijn boek vooral te doen om de intrigerende figuur van Claus, die zowel qua levenswandel als qua literatuurpraktijk in aanzienlijke mate afwijkt van de gangbare burgerlijke en esthetische normen. Claus wordt afwisselend voorgesteld als een soort van artistieke bohémien, een existentialist, een *angry young man*, of nog als de woordvoerder van een welbepaalde, provocerende en daardoor controversiële jeugd. Het beeld dat zo naar voren komt, is dat van een bijzonder gulzige en nieuwsgierige jongeman, die tegelijk als schijnbaar hautain en zelfbewust ("van steen") én als in wezen kwetsbaar ("poreus"), wordt geportretteerd. Het monumentale literaire werk van de auteur vormt de (min of meer versluierde) neerslag van die existentiële problematiek. In dit opzicht is het geen toeval dat De Roeys essay werd gepubliceerd in de reeks "Idolen en symbolen", waarin onder meer Marlon Brando, Harry Belafonte, Ingmar Bergman, Georges Brassens, Nikita Kroesjtsjev, Brigitte Bardot en Edith Piaf aan bod kwamen. Specifiek op het domein van de literatuur verschenen profielen van John Osborne, Harry Mulisch, Henry Miller en niemand minder dan Maria Rosseels, de Vlaamse schrijfster van katholieke probleemromans.

Andere beschouwingen uit dezelfde periode schenken nadrukkelijker aandacht aan het literaire werk van Claus als zodanig. Toch komen ook zij nog grotendeels voort uit de bekommernis om het artistieke en existentiële "geheim" van Claus te achterhalen.

Typerend daarvoor is de klemtoon die gelegd wordt op de totaliteit van Claus' œuvre, een veelheid aan teksten en genres die uiteindelijk wordt beschouwd als (ingeperkt tot) tot één quasi-organisch geheel, waarin de eigengereide persoonlijkheid van de schrijver haar wezenlijke uitdrukking vindt.

Dat stramien is tot op zekere hoogte ook werkzaam in de onvolprezen studie van Theo Govaart over *Het geclausuleerde beest* (1962). In zijn boek – dat voor de Clausstudie veel invloedrijker is geweest dan de schaarse bibliografische verwijzingen ernaar doen vermoeden – analyseert Govaart het œuvre van Ferdinand Bordewijk en (in het tweede deel, dat als titel "De krakende makelaar" draagt) dat van Hugo Claus. Het is de grote verdienste van de criticus dat hij, als eerste, het belang van de oedipale constellatie voor Claus' literaire werk (met inbegrip van de poëzie) heeft onderstreept: het eeuwige conflict tussen vader en zoon, met de figuur van de moeder als inzet. De rebellie tegen de vader – die de Wet, de Godheid en de verfoeilijke Waarheid incarneert – vormt volgens Govaart de centrale interpretatieve sleutel voor met name Claus' vroegste werk. Op dat sterk negatieve moment volgt dan een zoektocht die aanvankelijk aarzelend, later zelfverzekerder verloopt en resulteert in de hoogtepunten van de zogenaamde "experimentele" periode. De impasse van die vergeefse poging om de animale, "natuurlijke" staat te heroveren, resulteert tenslotte in een extraverte, maar bijzonder kritische beweging waarbij de dichter zijn eigen plaats in de maatschappij zoekt te bepalen.

Uiteindelijk komt de criticus dan tot een globale psychologische verklaring voor het fenomeen Claus. Het heet dat de auteur aanvankelijk verstrikt zit in een "belangrijk deel onverwerkte puberteitsproblematiek" (p. 209), waaraan het subject zich mettertijd grotendeels heeft kunnen ontworstelen: "Met de werken uit de jaren 1955-59 (het ontstaan zal zo in '53 beginnen) verschuift het psychologische beeld dat ons uit het werk van Claus naar voren komt van puberteitsresten en adolescentie naar juventus en virilitas, terwijl daarbij de positiekeuze van de schrijver tégen de tijd duidelijk zijn beslag krijgt." (p. 217) Het psychologische, haast klinische heilsverhaal van de zich van de tijd en zijn eigen subjectiviteit genezende schrijver schraagt duidelijk Govaarts gehele betoog. Niet toevallig heeft hij zijn studie "met excuses voor het gebrek aan agressiviteit opgedragen aan Hugo en Ellie Claus" (p. 129). Ondanks die al te naïef psychologiserende lectuur en de nadrukkelijke klemtoon op de continuïteit, om niet te zeggen: de opgang, van Claus' œuvre blijft Govaarts essay ook vandaag nog bijzonder leesbaar. Een aantal commentaren (met name over de vroege poëzie of het pantomime-gedicht *Zonder vorm van proces*) behouden hun relevantie, terwijl Govaart ook als eerste, in zijn commentaar op het slotgedicht van de cyclus "Een vrouw" uit *De Oostakkerse gedichten*, de antieke mythologische referentie "Livia" heeft geduid en zo mee de weg heeft gewezen voor een intertekstueel perspectief (al blijft het bij die summiere aanzet).

2.

Van centraal belang voor de latere studie van Claus' poëzie blijven echter twee klassiek geworden essays, die dateren uit de vroege jaren zeventig: enerzijds *Hugo Claus. Experiment en traditie* (1970) van Jean Weisgerber, anderzijds de monografie *Hugo Claus of Oedipus in het paradijs* (1973) van Georges Wildemeersch.

Het boek van Jean Weisgerber – dat kan gelden als een synthese van zijn eerdere, verspreide opstellen – verscheen in de reeks "Literaire verkenningen", die voor studenten actuele genres en trends wilde voorstellen via een uitvoerige bloemlezing en een diepgravend essay. Weisgerber situeert het werk van Claus vooreerst literair-historisch tegen de achtergrond van het internationale modernisme in de filosofie, de kunst en de literatuur. Vervolgens schetst hij een globaal beeld van de thematische krachtlijnen van Claus' œuvre, waarbij de poëzie een centrale plaats inneemt. Hij neemt als coördinaten enerzijds de Oedipusmythe, en anderzijds de christelijke thematiek van de zondeval en het verloren paradijs, thema's die worden verbonden met het existentialisme én met de erudiete verzameling vegetatiemythen van de antropoloog James G. Frazer. Tenslotte schetst

Weisgerber een evolutie van de introverte experimenteel naar de extraverte dichter, die nadrukkelijker de buitenliteraire werkelijkheid in zijn werk betrekt en blijk geeft van een verhoogd bewustzijn van de literaire en artistieke traditie waarmee hij – via citaten en allusies – is verbonden. De latere Clausstudie heeft al die aspecten weliswaar verder verdiept en bijgesteld, maar dat neemt niet weg dat Weisgerbers inleidende essay een mijlpaal binnen het onderzoek was en blijft.

Dat geldt ook, en misschien in nog sterkere mate, voor de studie van Georges Wildemeersch, die, meer dan de studie-uitgave van Weisgerber, een grote publieke weerklank heeft gekregen. *Hugo Claus of Oedipus in het paradijs* verscheen immers als het tweede deel uit de "triagnose van een mythe", naast al even ophefmakende essays over de "katholieke vrijmetselaar" Guido Gezelle en de homoseksueel Gerard Reve (van de hand van respectievelijk Rem Reniers en Hedwig Speliers). Uit de ondertitel, "Oedipus in het paradijs", komt reeds naar voren hoezeer Wildemeersch' uitvoerige essay voortbouwt op de resultaten van Weisgerbers onderzoek.

Wildemeersch besteedt weliswaar aandacht aan het globale œuvre van Claus, maar in feite komen het theater en het proza slechts relatief zijdelings aan bod, net zoals de biografie van de auteur. In het betoog staat doorlopend de lyriek centraal. Bundel per bundel, soms zelfs vers na vers, treedt de criticus in de voetsporen van de dichter Hugo Claus. Enerzijds situeert hij de opeenvolgende bundels en plaquettes in een welomschreven poëticaal project. Zo argumenteert hij op overtuigende wijze de algemene ontwikkeling van de dichter, van een klassiek-aarzelend debuut, over een bloeiperiode van het experimentalisme, naar een crisis van datzelfde euforische experimentele project, die tegelijk gepaard gaat met een meer extraverte poëziepraktijk waarvan *Het teken van de hamster* het erudiete hoogtepunt vormt. Het is evenwel de verdienste van Wildemeersch dat hij die chronologische evolutie tegelijk in de breedte duidt én nuanceert. Zo wijst de essayist er regelmatig op hoe ogenschijnlijk elkaar opvolgende (of zelfs compleet tegenstrijdige) facetten en poëziepraktijken in het geval van Claus gelijktijdig, zelfs samen opduiken. De latere carrière van de dichter

– vanaf het merkwaardige tweeluik *Heer Everzwijn* en *Van horen zeggen* – heeft trouwens uitgewezen hoezeer Wildemeersch het met deze visie bij het rechte eind had. Daarenboven vormt zijn monografie nog steeds de uitvoerigste analytische commentaar bij de poëzie van Hugo Claus tot 1965, die de door anderen aangebrachte elementen tot een overtuigende synthese voert en tegelijk tal van nieuwe aspecten aan de orde stelt.

3.
Vanaf het midden van de jaren zeventig wordt het literaire werk van Hugo Claus (met inbegrip van de poëzie, uiteraard) een bijzonder populair studieobject voor universitaire onderzoekers en allerlei afstudeerscripties. Alleen al het aantal verhandelingen dat specifiek aan de lyriek van Claus is gewijd, is sindsdien nauwelijks nog bij te houden. Die hoogst opmerkelijke belangstelling voor een toch als "moeilijk" en "onklassiek" geboekstaafd œuvre hangt samen met diverse factoren. In de eerste plaats geniet Hugo Claus, ondanks alle controverse, als auteur een uitzonderlijk prestige, en daardoor werkt hij indirect statusverhogend voor commentatoren van zijn werk; ze profiteren, om zo te zeggen, ten dele mee van de publieke en kritische aandacht en waardering die de auteur te beurt valt. Minstens even belangrijk om die wetenschappelijke fascinatie voor Claus' werk te verklaren, is echter de aard van dat œuvre zelf, dat als het ware op het lijf geschreven is van een wetenschappelijke analyse: door de veelzijdige gelaagdheid en de complexiteit, de veelheid aan genres en genre-overtredingen, het gebruik van wisselende taal- en stijlregisters, en bovenal de ontzaglijke eruditie die eraan ten grondslag ligt.

Inderdaad is de poëzie van Hugo Claus als geen ander dé toetssteen geworden voor een groot aantal literair-wetenschappelijke methoden in het Nederlandse taalgebied. Men zou – om de titel van Hans Düttings essay-anthologie (1984) te parafraseren – kunnen gewagen van "Hugo Claus via bestaande modellen", met dien verstande evenwel dat die methodologische recepten ingegeven zijn door de wetenschap, eerder dan dat deze "modellen" zouden samenvallen met de specifieke tekstpatronen van Claus' poëzie.

Diverse methoden zijn, met wisselend succes, toegepast op (en soms didactisch uiteengezet via) gedichten van Claus. Allereerst zijn een aantal boeiende analyses beschikbaar van afzonderlijke gedichten van Hugo Claus, volgens de gangbare premissen van de close-reading (versie *Merlyn*), of een enkele keer volgens de structuralistische onderzoeksmethoden die door Roman Jakobson en Claude Lévi-Strauss werden uitgewerkt. De meeste van deze analyses behouden ook vandaag hun belang, hetzij doordat ze min of meer geslaagde toepassingen vormen van het gehanteerde theoretisch en methodologisch kader, hetzij – en dat is in deze context relevanter – door de wijze waarop ze bepaalde gedichten van Claus toegankelijk hebben weten te maken voor de niet-geïnitieerde lezer. Men kan trouwens argumenteren dat, met de jaren, bepaalde van die interpretaties – zeker van zogenaamd "moeilijke" gedichten – even klassiek en gezaghebbend zijn geworden als de gedichten van Claus zelf die ze becommentariëren. In ieder geval is de poëzie van Hugo Claus aanmerkelijk leesbaarder geworden naarmate een aantal contouren ervan door diverse commentatoren is blootgelegd: de oedipale constellatie tussen de personages, de teloorgang van de eeuwige mythe, het verlangen naar een "natuurlijke" staat waarvan de seksualiteit en de animale beeldspraak de kernmomenten vormen, de weerzin tegen de tijd, het verdeelde en maatschappelijk onaangepaste subject...

Daar staat echter tegenover dat uitgerekend die herkenbare schema's in zeker opzicht een nauwgezette lectuur van Claus poëzie in de weg hebben gestaan. Doordat ze de ingenieuze betekenis ervan blootleggen, openen dergelijke modelinterpretaties weliswaar een afzonderlijk gedicht, maar tegelijk wekken ze (onterecht) de suggestie van een afgeronde en volstrekt achterhaalbare betekenis. In dat opzicht staan ze net haaks op de experimentele en postmodernistische schriftuur van Claus. Zo is te weinig aandacht besteed aan de weerbarstigheid van die thematische constanten, de ambivalenties en de onbeslisbaarheden, het uiterst complexe patroon van variaties, beelden en motieven waarmee een globaal thema zich bij de lezer aandient. Nog sterker veronachtzaamd zijn de specifieke stilistische en retorische eigenschappen van Claus' poëzie. De eigenzinnige beeldspraak, de ritmiek, de herhalingen, de materiële laag van klank en schrift, de letterlijke voortgang van het vers: het zijn alle aspecten die wachten op een grondige analyse.

Die onderschatting van Claus' eigenlijke schriftuur hangt overigens ook nog samen met een andere, in de Clausstudie bijzonder populaire leesstrategie, die evenzeer de "betekenis" van een tekst pretendeert te achterhalen. In plaats van die zingeving echter te baseren op de interne coherentie en meerduidigheid van het vers op zich, besteedt men vooral aandacht aan de wijze waarop Claus' gedichten vaak expliciet gerelateerd kunnen worden aan andere teksten. Die evolutie van een "tekstuele" naar een "intertekstuele" lectuur wordt terecht vooral geassocieerd met de naam én de autoriteit van Paul Claes; diens essaybundel *Claus-reading* (1984) biedt een markante illustratie van de hier geschetste ontwikkelingen.

In het spoor van occasionele opmerkingen van eerdere onderzoekers heeft Paul Claes als geen ander de poëzie van Hugo Claus blootgelegd als één lappendeken van citaten en allusies, die refereren aan andere teksten. Aansluitend bij de literair-wetenschappelijke inzichten van Julia Kristeva wordt steevast een verband gelegd tussen enerzijds Claus' gedichten, in de technische terminologie de "fenotekst" genoemd, en anderzijds de "architekst(en)" of "brontekst(en)" waarvan de fenotekst een transformatie realiseert. Claes heeft zich in een aantal publicaties hoofdzakelijk beziggehouden met de nawerking van het antieke erfgoed in Claus' œuvre, een thematiek die weliswaar hoofdzakelijk in het theater en het proza van de auteur zijn beslag heeft gekregen, maar ook voor Claus' lyriek bijzonder relevant is. In sommige gevallen zijn Claus' verzen vrijwel integraal opgebouwd uit citaten, letterlijk of licht bewerkt, van antieke en minder antieke bronnen; de dichtbundel *Oog om oog* kan bijvoorbeeld worden teruggevoerd op een aantal Griekse epigrammen. Interessanter dan die sprekende gevallen lijkt mij echter het meer impliciete gebruik van tal van elementen die verwijzen naar de Grieks-Romeinse mythologie. Voor de uitwerking daarvan heeft Hugo Claus zich – zoals zoveel andere (post)modernistische auteurs – gretig laten inspireren door de imposante verzameling die de Engelse antropoloog James G. Frazer aanlegde in

The Golden Bough; van de *Abridged edition* van dat werk verscheen overigens een paar jaar geleden een Nederlandse vertaling onder de titel *De gouden tak*. Het epos dat door Frazer wordt opgeroepen is dat van de rijzende jonge natuurgod, die op wreedaardige wijze de plaats zoekt in te nemen van de stervende vaderfiguur. Diens tanende macht wordt weerspiegeld in het dorre landschap, terwijl zijn jeugdige rivaal met het geel van koren en vruchtbaarheid wordt geassocieerd. Typerend voor Claus is wel hoe hij die vegetatiemythe verbindt met het hem zo kenmerkende Oedipuscomplex. De stervende god is bij uitstek een wreedaardige vader die de zoon zoekt te vernietigen, terwijl de moeder verschijnt als een Moeder Aarde met duidelijk incestueuze verlangens. Tenslotte komt daarbij de typische iconologie van het christendom, met zijn eigen cultus van vader, zoon en moeder. Die patronen vormen de cruciale achtergrond voor bundels als *De Oostakkerse gedichten* – een aspect dat door Wildemeersch in zijn (tot dusver onuitgegeven) proefschrift overtuigend is aangetoond – of nog *Een geverfde ruiter*.

Andere, op gelijkaardige intertekstuele premissen gebaseerde onderzoekingen zijn er bijvoorbeeld in geslaagd om de bronteksten van een aantal gedichten uit *Heer Everzwijn* en *Het Jansenisme* toe te lichten. Ook *De sonnetten* en de fascinerende *Tien manieren om naar P.B.S. te kijken* bleken bij nader toezien vrijwel integraal gebaseerd op bestaande modellen: respectievelijk de sonnetten van Shakespeare, en het werk en de biografie van dichters als P.B. Shelley en Wallace Stevens. Hét hoogtepunt van een intertekstuele collage vormt echter het lange, episch-lyrische gedicht *Het teken van de hamster*, waarvan (alweer) Paul Claes een geannoteerde tekstuitgave bezorgde.

Het begrip "intertekstualiteit" mag de Clausstudie dan wel in een vruchtbare stroomversnelling hebben gebracht, toch roept een dergelijke leesmethode ook een aantal vragen op. In de eerste plaats is een intertekstuele lectuur vooral zinvol bij teksten die zich als zodanig aandienen, waardoor ze slechts een beperkte relevantie bezit. Daarenboven komt dat perspectief – in tegenstelling tot de poststructuralistische openheid die principieel wordt beleden – in de praktijk veelal neer op een soort van filologisch bronnenonderzoek.

De tekst van Claus wordt herleid tot een loutere herhaling van eerdere teksten – de mythe van de onverbeterlijke afschrijver, die misnoegde auteurs als Hubert Lampo nog steeds verkondigen – of tot een soort van cryptogram voor intellectuelen: "ik zie wat jij niet ziet". Daarenboven zijn er nog een reeks methodologische problemen, die onder meer betrekking hebben op de afgrenzing van de zogenaamde "brontekst" – met de nodige volharding en vindingrijkheid is in de integrale *Golden Bough*, de bijbel of lijvige naslagwerken over de antieke mythologie om het even welk motief of woord terug te vinden – en meer nog op het statuut van de bron in de uiteindelijke tekst van Claus. Inderdaad blijft, bij dit exegetische puzzelwerk, de eigenlijke poëtische tekst van Claus al te vaak schromelijk onderbelicht; het lijkt erop alsof een gedicht, met het vinden van de precieze bron ervan, volledig is opgelost. De specifieke verwerking van die aanvankelijke informatie en de eigenzinnige poëtische verwoording krijgt daarbij slechts zijdelings aandacht.

Tenslotte gaat zulk een geleerde intertekstuele lectuur grotendeels voorbij aan het "toevallige" karakter van heel wat allusies en citaten. Een autodidact als Hugo Claus verdiept zich doorgaans niet in gezaghebbende wetenschappelijke studies, maar ontleent zijn informatie creatief én fragmentair aan allerlei vulgariserende uiteenzettingen en zondagsbijlagen van buitenlandse kranten, of aan wat anderen eveneens van horen zeggen beweren. In plaats van een overwegend filologische benadering, verdient het daarom aanbeveling om, aansluitend bij de inzichten van de literatuurwetenschapper Bachtin, met name de hoogst functionele "polyfonie" van Claus' lyriek aan een nader onderzoek te onderwerpen. Meer dan eens klinken in een en hetzelfde vers diverse stemmen tegelijk door, van de meest erudiete citatendoctor tot de niet minder relevante stem van de goegemeente, die schaamteloos clichés debiteert en schlagers meezingt. Ook dat is – en zelfs bij uitstek – een cruciale intertekstuele component van Claus' œuvre.

4.

Naast die pogingen tot close-reading en intertekstuele duiding vallen tot slot nog enkele andere benaderingen van gedichten van

Claus te vermelden. De dissertatie van J.F.P. de Smit over *Symboliek in moderne poëzie* (1981) poogt, op basis van een theoretisch uitgewerkt model, een lectuur te bieden van de cyclus "Een vrouw" uit *De Oostakkerse gedichten*. De Smits poging om Claus' schriftuur te lijf te gaan met allerlei symboolwoordenboeken gaat echter geheel voorbij aan het typisch experimentele, idiosyncratische karakter van deze metaforen, die vaker gebaseerd zijn op spontane klank- en betekenisassociaties dan op een soort van vooraf gegeven symbolisch universum. De studie van De Geest, *Onbewoonbare huizen zijn de woorden* (1986), is er dan weer op gericht om aan te tonen hoe Claus' experimentele poëzie – hier vertegenwoordigd door de bundel *Paal en perk* – zich precies aan een traditionele hermeneutische duiding onttrekt, door de eraan ten grondslag liggende Cobra-poëtica (de materialiteit, de spontaneïteit, de creatie van de leeservaring) ernstig te nemen. Allerlei interpretaties worden voorgesteld, beargumenteerd en uiteindelijk opnieuw geproblematiseerd.

Het essay van Paul Claes over *Claus quadrifrons. Vier gezichten van een dichter* (1987) laat tenslotte zien hoe in de verzamelbundel *Gedichten 1948-1963* uiteenlopende gestalten van de dichter aan het woord komen: de animale dichter, de erudiete dichter, de ludieke dichter en de geëngageerde dichter. Het is trouwens veelbetekenend dat dit essay, het laatste dat een synthetisch beeld van Claus als dichter tracht op te hangen, zich eens te meer beperkt tot de lyriek voor 1965 en bewust opteert voor een mozaïek-achtige structuur van vier afzonderlijke hoofdstukken. De dichter Claus laat zich vandaag, minder dan ooit, voor één interpretatie-spiegel vangen.

Het verlangen

Het vorige, al te schetsmatige overzicht illustreert overduidelijk welke omvangrijke en hoogst veelzijdige proporties de wetenschappelijke studie van Claus' œuvre, en dan in de eerste plaats van zijn poëzie, onderhand heeft aangenomen. In het licht van die vaststelling lijkt het wellicht misplaatst om zich te willen beklagen over ten onrechte verwaarloosde aspecten en componenten. De hierna volgende opmerkingen zijn daarom in hoofdzaak bedoeld als denksporen, suggesties voor verder onderzoek.

1.

Een absolute prioriteit voor verder onderzoek vormt alleszins de wetenschappelijk verantwoorde tekstuitgave van Claus' poëtische werk. In eerste instantie kan daarvoor uitgegaan worden van de beschikbare uitgaven in boekvorm en van de tijdschriftversies en de verspreide publicaties van een aantal gedichten (vaak oorspronkelijk in een totaal andere dan literaire context verschenen). Zo werd bijvoorbeeld een vroege versie van *De Oostakkerse gedichten* gepubliceerd in het tijdschrift *Tijd en Mens* onder de titel "Nota's voor een Oostakkerse Cantate"; het betreft hier gedichten die wat later in de bundel hun plaats zouden vinden, maar niet alle en daarenboven in een enigszins andere samenhang. Bij alle latere uitgaven, vanaf de verzamelbundel *Gedichten 1948-1963* tot de recente omvangrijke verzameling *Gedichten 1948-1993*, zijn zelfs in die "klassieke" dichtbundel door de auteur telkens een aanzienlijk aantal wijzigingen aangebracht. Soms betreft het vrij onopvallende weglatingen of toevoegingen (wijzigingen in de interpunctie, herschikking van een versregel), maar in andere gevallen zijn de veranderingen veel betekenisvoller. Ze wijzigen de ritmische structuur en de betekenis van het vers, door bepalingen of adjectieven te schrappen of te veranderen. In ieder geval biedt een nauwgezette vergelijking van dergelijke varianten een duidelijk beeld van de latere dichter, die vanuit deels andere poëticale premissen zijn vroegere werk herleest, "selecteert" en waar nodig zelfs "corrigeert". Een analyse van die opeenvolgende wijzigingen zou alleszins een veel nauwkeuriger beeld ophangen van de wijze waarop de dichter Claus, in de opeenvolgende fasen van zijn poëtische carrière, zijn eigen werk permanent herleest en herschrijft.

Bij de uitgave van een dergelijke wetenschappelijke uitgave zou men zich bijvoorbeeld al kunnen laten inspireren door de klassieke editie van Luceberts œuvre, waar de tekst van de eerste druk in boekvorm als legger is genomen, terwijl een uitvoerig variantenapparaat alle wijzigingen en andere versies nauwgezet in kaart brengt. Daarnaast ligt het voor de hand om de jarenlange expertise van het Constantijn Huygensinstituut mede als uitgangspunt te hanteren. Alleszins zou zo een nieuwe editie van Claus' verzamelde poëzie voor heel wat lezers de weg openen naar een meer historiserende, en daardoor ook meer verrassende lectuur van zijn werk.

2.

In een verder stadium – zonder daarom een soort van dalende prioriteit te willen suggereren – lijkt het alleszins zinvol om ook niet eerder gepubliceerde gedichten te inventariseren en te bestuderen. De in *Het teken van de ram* afgedrukte manuscriptversies bieden in dat verband alleszins veelbelovende aanzetten. Zeker met betrekking tot Claus' eerste periode – van de aarzelende, klassieke aanzet van *Kleine reeks* tot het experimentele geweld van *De Oostakkerse gedichten* – zou dat ongepubliceerde materiaal een beter licht kunnen werpen op de zogenaamde "evolutie" in Claus' poëzie. Zo zou nagegaan kunnen worden of en in welke opzichten de afstand van Claus' debuut tot de daarop volgende plaquette *Registreren* zo aanzienlijk is als algemeen wordt aangenomen. Is er in die leerjaren inderdaad sprake van een verwijdering van de klassieke esthetica, en in welke mate zijn elementen uit het verblijf te Parijs daarvoor verantwoordelijk (het existentialisme, de jazz, de anti-esthetica van Artaud)? Voorts kan zo'n omvattend onderzoek ook preciseren hoe de "experimentele" poëtica in het geval van Hugo Claus specifiek gedacht moet worden; onder meer het belang van associatieve en materiële factoren bij het tot stand komen van poëzie en de interactie van spontane impulsen met het bewust aangewende ideeëngoed van Frazer verdienen alleszins nadere aandacht.

Daarnaast zou de bestudering van ongepubliceerde manuscripten, zeker in combinatie met de varianten die optreden in de verschillende gepubliceerde versies, het ook mogelijk maken om de intertekstuele werkwijze van Claus nauwkeuriger in kaart te brengen. Via welke strategieën worden bronteksten geselecteerd en in de eigen taalcreatie geïntegreerd? Is daarbij inderdaad, zoals wel eens wordt beweerd, sprake van een bewuste versluiering van allerlei bronnen, of gaat het integendeel om wijzigingen en aanpassingen in functie van het eigen poëticale project? Kortom, de grondige inventaris en terbeschikkingstelling van een omvangrijk tekstencorpus – waarom niet, behalve in gedrukte vorm, ook in een electronische versie? – zou het alleszins mogelijk maken om de poëzie van Hugo Claus zowel synchroon (de verzameling van gedichten die in dezelfde periode tot stand zijn gekomen) als diachroon (de reconstructie van de eigenlijke tekstgenese en de daarbij aan de orde zijnde operaties) in optimale omstandigheden te bestuderen.

3.
Die studie van de interne poëtica, de wijze waarop via poëzie bepaalde denkbeelden en praktijken over literatuur worden gerealiseerd, dient alleszins te worden aangevuld met een onderzoek van Claus' externe poëtica, de wijze waarop de auteur zich buiten de strikte context van zijn poëzie over lyriek, en algemener over literatuur, heeft uitgelaten. Bij die uitspraken van de dichter zelf over zijn eigen poëzie of die van anderen, rijzen echter twee fundamentele problemen.

Enerzijds zijn van Hugo Claus nauwelijks teksten bekend waarin die poëticale problematiek expliciet wordt behandeld. De essays over de Cobra-schilders Corneille en Appel bieden in dit opzicht beslist belangwekkende informatie, maar ze zijn bijzonder moeilijk interpreteerbaar als rechtstreekse signalen van een eigen experimentele poëtica. Hetzelfde geldt voor de uitspraken over de zin en de functie van literatuur, die men her en der in het overige literaire werk van Claus (bijvoorbeeld in zijn vroege kortverhalen) kan aantreffen. De meest geëigende plaats voor uitspraken over literatuur en de werkwijze van de dichter bieden anderzijds vanzelfsprekend de talrijke interviews die Hugo Claus in zijn lange carrière ten beste heeft gegeven, maar ook zij zijn niet zonder meer voor een poëticaal onderzoek hanteerbaar. Geregeld spreekt de auteur zichzelf tegen, en haast steeds bespeelt hij op onnavolgbare wijze de vragensteller en het lezerspubliek, door speels niet eerder onderkende sporen aan te geven of, omgekeerd, door eenieder op het verkeerde pad te sturen. In ieder geval lijkt het daarom onontbeerlijk de interviews van Claus te onderwerpen aan een soort van specifiek onderzoek, door ze te beschouwen als een eigen "literair" genre, waarvan de eigen patronen en variaties in kaart worden gebracht.

4.

Hebben de tot dusver geformuleerde suggesties vooral betrekking op de onmiddellijke context van Claus' poëzie, dan blijft het uiteraard een belangrijke onderneming om die poëtische teksten zelf verder te duiden. Het lijkt daarbij aangewezen om een methodisch pluralisme te stimuleren, zeker gezien het feit dat Claus' poëzie dermate veelzijdig is dat ze moeilijk met één benadering adequaat geduid kan worden. Aan de ene kant spreekt het voor zich dat een dergelijke interpretatie verder gebruik zal maken van nieuwe intertekstuele bevindingen. Over de aanwezigheid van de antieke mythologie zijn wij reeds voortreffelijk ingelicht, maar onder meer het belang van elementen uit de christelijke religie verdient beslist nader onderzoek; bij de classificering van dat verspreide materiaal kan het door Paul Claes voorgestelde theoretische kader alleszins goede diensten bewijzen. Minstens even belangrijk is echter de studie van andere vormen van intertekstualiteit. Met name het talent van Claus om in bepaalde bundels (*Van horen zeggen* of *Oktober '43*) authentieke "volkse" stemmen en meningen aan het woord te laten is vanuit wetenschappelijk standpunt bijzonder intrigerend, samen met de veelstemmigheid van zijn lyriek die eventueel vanuit het perspectief van Bachtin nader geïnterpreteerd kan worden. Die theorie heeft trouwens het voordeel dat ze het accent minder legt op het inventariseren en het classificeren van brontEksten, maar vooral op de wijze waarop die "andere" echo's functioneren binnen een nieuwe, "eigen" tekstuele context.

Van even cruciaal belang blijft echter het lezen en analyseren van afzonderlijke gedichten. Alleen door geduldige lecturen kunnen bepaalde thematische lijnen en stilistisch-retorische constanten in de lyriek van Hugo Claus worden geconcretiseerd en voor de lezer verduidelijkt. De letterlijkheid van het gedicht is tot hiertoe schromelijk veronachtzaamd, een dimensie die met name in het geval van een eigengereid, onklassiek dichter als Claus beslist verdere aandacht verdient. Het leesavontuur van Claus' teksten is immers te veelzijdig om het zonder meer tot statische structuren, hoe verhelderend die ook mogen zijn, te herleiden. Voorts lijkt het mij ook nuttig om de samenstelling van cycli en bundels te bestuderen. De structurele opbouw van op zijn minst een aantal dichtbundels is hoogst opmerkelijk en intrigerend. Het zou trouwens best kunnen dat, in het licht van dergelijk tekstueel onderzoek, ook veronachtzaamde teksten zoals de "knittelverzen" van *Almanak* aan een nieuwe waardering toe zijn.

5.

In laatste instantie zou de Clausstudie over niet al te lange tijd moeten uitmonden in een synthetische monografie waarin op zijn minst het poëtische œuvre van Claus in zijn totaliteit wordt voorgesteld en geduid. Een dergelijke publicatie is alleszins wenselijk, ook in het licht van de internationale belangstelling. Iedereen zou gebaat zijn bij een helder en leerrijk overzicht. Momenteel beschikken wij weliswaar nog steeds over de studie van Wildemeersch – die helaas al geruime tijd niet meer in de handel te krijgen is – en over het synthetische essay van Claes, maar beide boeken concentreren zich op de vroege poëzie, en het beeld dat ze ophangen van Claus' poëzie beantwoordt nog slechts gedeeltelijk aan de literaire realiteit. Met name de vraag naar de literair-historische situering van Hugo Claus als dichter – zijn vermeende "experimentalisme" of "(post)modernisme" – is dringend aan een nieuwe bezinning toe (eventueel in combinatie met een analyse van de commentaren op zijn poëzie in de literaire kritiek).

Bij nader toezien valt trouwens op hoe weinig essays over Claus' poëzie de jongste tien jaar nog zijn verschenen, buiten het bestek van *Het teken van de ram*. Voor Claus op zijn beurt een "geval Gezelle" dreigt te worden – een œuvre waarbij de kloof tussen de gewone, actuele lezers enerzijds en de wetenschappelijke belangstelling anderzijds vrijwel onoverbrugbaar is geworden – moeten wij met zijn allen daar maar iets tegen ondernemen. Claus' poëzie is immers veel te belangrijk om ze zonder meer over te laten aan "twaalf lezers en een snurkende recensent".

Kanttekeningen bij een spiegelœuvre
Over de studie van Claus' proza

G.F.H. Raat

Een schrijver die de duurzame belangstelling van de professionele literatuurbeschouwers heeft gewekt, lokt met zijn werk een stroom van kritieken, essays, artikelen en zelfs boeken uit, die zijn œuvre, al of niet vervormd, weerspiegelt. Dit spiegelœuvre verandert met de ontwikkeling die het primaire werk doormaakt en zonder hetwelk het onbestaanbaar is. Tevens kent het zijn eigen dynamiek, bepaald door de evolutie van de literatuurbeschouwing.

De literatuur over het proza van Hugo Claus bevestigt deze voorstelling van zaken en toont ook de consequentie: de lacunes in het spiegelœuvre zijn te herleiden tot de factoren die zijn ontwikkeling richting geven. Aspecten van Claus' proza die weinig of geen aandacht kregen, zijn of weinig dominant of vielen buiten het gezichtsveld van de literatuurbeschouwing.

Tot 1970 wordt de literatuur over Hugo Claus beheerst door Jean Weisgerber, ook wat het proza betreft. Behalve hij houden slechts enkele anderen zich daar min of meer intensief mee bezig. Th. Govaart publiceert in 1962 *Het geclausuleerde beest*. Een kleine helft van dit boek, getiteld "Hugo Claus – De krakende makelaar", is gewijd aan het werk van Claus – een grote aan dat van Bordewijk. Govaart behandelt in een viertal chronologisch geordende hoofdstukken het werk van Claus tussen 1948 en 1962. Hij gaat sterk psychologiserend te werk en richt zich vooral op de verhouding van

Claus' manlijke hoofdfiguren tot God en vader, de moeder en de vrouw. Deze familiale thematiek wordt van meet af aan in een oedipaal kader geplaatst. Zo vangt het resumé van het eerste hoofdstuk als volgt aan: "De Hugo Claus die in de jaren 1945-1949 het tot nu toe besprokene en de nog te bespreken roman *De Metsiers* heeft geschreven blijkt dus volstrekt negatief te hebben gestaan (subs. te zijn uitgegroeid) tegenover het mannelijke element in zijn puberteits- en adolescentiegroei (hij is in 1949 twintig geworden): zowel de vader, als de substituut-vader, als God de Vader zijn over de kling gejaagd. Tegenover het vrouwelijke element verhoudt hij zich genuanceerder: - Oidipous heeft moeite de vruchten te plukken van zijn vadermoord [...]" (p. 142).

Behalve psychologische terminologie toont dit fragment nog iets anders. Hoewel Govaart zich ogenschijnlijk op de teksten van Claus concentreert, gebruikt hij die in werkelijkheid om de psychologische ontwikkeling van de auteur te beschrijven. De problematiek waarop hij stuit in het proza, en ook in de poëzie en het toneel, transponeert hij zonder omwegen naar de biografie van Claus. In het gedeelte over de periode 1955-1961 leidt deze bedenkelijke werkwijze tot de volgende conclusie: "Het is langzamerhand duidelijk geworden dat Hugo Claus het in de overgangsfase van jongeman tot man niet gemakkelijk heeft gehad, eventueel: het zich niet gemakkelijk heeft gemaakt" (p. 189).

Ondanks, of ten gevolge van, Govaarts preoccupatie met de psychologische groei van de auteur, ziet hij de tekstuele verwijzingen naar de geschiedenis van Oedipus, bijvoorbeeld in *De hondsdagen* ("Al kan ik mij niet meteen de ogen uitkrabben, zoals die andere, hoe heet hij ook weer?" zegt de protagonist van deze roman op een gegeven ogenblik), over het hoofd. Hij heeft weinig aandacht voor de allusies die ook het vroege werk van Claus reeds bevat, al becommentarieert hij wel de naam Livia (de vrouw van keizer Augustus, die de eredienst van Cybele vernieuwde), voorkomend in het veertiende gedicht van de cyclus "Een vrouw" uit *De Oostakkerse gedichten* (1955).

Deze diepgang bereikt Johan de Roey nergens in *Hugo Claus. Een poreuze man van steen*, in 1964 verschenen in de reeks "Idolen en symbolen". Dit boek behandelt zonder methodische scrupules leven en werk van de auteur die volgens De Roey "keihard in zijn waarneming van de mens, met zijn poreuze geest problemen van deze generaties in zich opgenomen en geïnterpreteerd [heeft]" (p. 11). Deze zin verraadt de levensbeschouwelijke, en soms moralistische, inslag die het boek van De Roey kenmerkt. Het leven van Claus vormt de leidraad. De behandeling van de thematiek, het enige structuuraspect dat aandacht krijgt, is oppervlakkig en wordt aangevuld met flarden van kritieken die naar aanleiding van Claus' werk verschenen. De Roey verliest het onderscheid tussen leven en werk meer dan eens uit het oog.

Uit de publicaties van Govaart en De Roey blijkt niet dat in het Nederlandse taalgebied de autonomistische (ergocentrische) literatuurbeschouwing terreinwinst begint te boeken. De literaire tekst wordt uitgeroepen tot exclusief onderzoeksobject en biografische en levensbeschouwelijke interesse voor literatuur als niet-literair afgewezen. Deze principes zijn herkenbaar in het artikel "De petroleumlamp en de mot: ik ontleed *Omtrent Deedee*", dat Weverbergh in oktober 1963 publiceert in zijn eenmanstijdschrift *Bok* en in 1965 opneemt in de daaruit gemaakte selectie, getiteld *BokBoek*. Een korte schets van de personages in *Omtrent Deedee* (1963) laat hij voorafgaan door de waarschuwing: "Ik zeg met nadruk, dat ik me bij de opbouw van deze "portretten" uitsluitend hou bij wat Claus ZELF meedeelt. Ik flans dus niets uit mijn verbeelding aaneen. Ik hou me aan de mededelingen van de auteur. De storende onderbrekingen van mijn tekst met verwijzing naar de paginering is daarom noodzakelijk" (*BokBoek*, p. 47). Zowel de emfase in deze passage als de wens zich bij de tekst te houden, alsook de stilistische slordigheid (de werkwoordsvorm in de laatste zin staat ten onrechte in het enkelvoud) is karakteristiek voor de analyse van Weverbergh. Hij onderscheidt in de roman drie "zuilen", d.w.z. drie leeswijzen waartoe *Omtrent Deedee* uitnodigt: moraliserend geschrift, psychologische roman en symbolische roman. De aandacht voor deze gelaagdheid, die in latere beschouwingen over Claus' werk veelvuldig zal worden opgemerkt, zij het vaak in andere bewoordingen, vloeit enerzijds voort uit Weverberghs tekstgerichte benadering en anderzijds uit de aard van Claus' proza. Weverbergh toont vooral interesse voor de symbolische laag van *Omtrent Deedee*, reden waarom hij de bijbelse en antieke allusies uitvoerig bespreekt. De concentratie op dit facet van Claus' proza zal uitgroeien tot een constante in de bestudering ervan.

Net als De Roey treedt Weverbergh in persoonlijk contact met de schrijver, maar anders dan eerstgenoemde is hij geïnteresseerd in het werk van Claus en niet in diens gezinsleven. Toch vertoont ook het artikel van Weverbergh een moraliserende tendens, als hij zich aan het einde met pathetische hoofdletters rechtstreeks tot de auteur wendt: "Hugo Claus, CLAUDE KAN NIET STERVEN" (p. 88). Weverbergh verzet zich niet op artistieke gronden tegen de zelfmoord van Claude in *Omtrent Deedee*, maar uit bekommernis om Claus en de maatschappij. Het laten leven van Claude is volgens hem noodzakelijk "om uzelf te redden, én de revolte die in u huist en de revolte die nog huist in de vele mensen; dit ondanks de pletmachines van deze tijd" (p. 89). De roemruchte jaren zestig, waarin de revolte wordt gekoesterd als het hoogste goed, zijn nabij.

H.U. Jessurun d'Oliveira, die Claus interviewt voor zijn bundel *Scheppen riep hij gaat van Au* (1965), is geheel vrij van dit pathos. Hij is redacteur van het tijdschrift *Merlyn* (1962-1966), dat een autonomistische benadering van literatuur propageert en daarom welwillend, zij het niet onkritisch, staat tegenover Weverbergh en *Bok*. Jessurun d'Oliveira spreekt met Claus over diens werkwijze, alsook over thematiek en structuur van zijn werk. Nadien is Claus honderden malen geïnterviewd, maar dit vraaggesprek is nog steeds lezenswaard.

Een schoolvoorbeeld van een ergocentrische aanpak vormt de uitvoerige ontleding van Claus' tweede roman, die J.J. Wesselo in 1968 bijdraagt aan het *Nieuw Vlaams Tijdschrift*, onder de typerende titel "De structuur van *De hondsdagen*". In 1974 bundelde Wesselo deze analyse in *Het tijdbeeld*, bij welke gelegenheid hij veranderingen aanbracht in de theoretische terminologie. Gehandhaafd bleef de strikt autonomistische benadering van de roman. Minutieus besteedt Wesselo aandacht aan het structuuraspect "tijd", hetgeen voor de hand ligt bij een roman waarvan de

hoofdstukken beurtelings in het heden en het verleden zijn gesitueerd, aan de vertelsituatie (de genoemde afwisseling gaat gepaard
met een verandering van de grammaticale persoon), de opbouw en
de thematiek.

Zoals ik al beweerde, drukt vooral Jean Weisgerber zijn stempel
op het eerste decennium van de Clausstudie, hetgeen ook betekent
dat de jaren vijftig weinig memorabels hebben opgeleverd. Zo
publiceert hij in 1963 een beschouwing over de verhalenbundel (!)
De zwarte keizer (1958) in zijn boek *Formes et domaines du roman
flamand 1927-1960*, in 1964 vertaald onder de titel *Aspecten van
de Vlaamse roman 1927-1960*. Weisgerber betoont zich sterk thematisch geïnteresseerd, waarbij hij de thematiek van Claus herleidt
tot twee mythen, die van Oedipus en die van de zondeval. In de
eerste mythe krijgt de problematiek van het gezin gestalte, die ook
Govaart al intrigeerde, in de tweede die van de initiatie door het
verwerven van kennis. In het algemeen gaat Weisgerber tekstintern
te werk. Een enkele maal laat hij de scheidslijn tussen personage en
schrijver vervagen, bijvoorbeeld als hij constateert dat in het vroege werk de vader dood of afwezig is, "hetgeen door de psychoana-
lyse zou kunnen worden uitgelegd als een gevolg van de wens de
vader te doen verdwijnen" (*Aspecten van de Vlaamse roman 1927-
1960*, p. 239). Dit kan alleen op Hugo Claus slaan, niet op zijn
hoofdfiguur. Hier en daar vermeldt Weisgerber buitenlandse
auteurs met wie Claus op enigerlei wijze verwant is, maar een situering van zijn proza in de internationale ontwikkeling van dit genre
valt daarop niet te baseren.

Heeft het stuk over *De zwarte keizer* een algemeen karakter, in
"Proefvlucht in de literaire ruimte (2): *De verwondering*" concentreert hij zich op één structuuraspect van één roman, zoals de titel
laat uitkomen. Het artikel, oorspronkelijk afgedrukt in jaargang 20
(1967) van het *Nieuw Vlaams Tijdschrift*, wordt in 1972 gebundeld
in *Proefvlucht in de romanruimte*. Weisgerber wijst op een aantal culturele systemen die zijn vervlochten in de structuur van *De verwondering*. Minder geslaagd is de wijze waarop hij begrippen als "hoogte" en "vallen" niet alleen in een concrete ruimtelijke zin opvat,
maar ook een zeer veelomvattende metaforische betekenis toekent.

In "Devotissimus et doctissimus doctor", dat Weisgerber in 1967 bijdraagt aan *Literair lustrum. Een overzicht van vijf jaar Nederlandse literatuur 1961-1967*, samengesteld door de voormalige redactie van *Merlyn*, specificeert hij de verwijzingen in *De verwondering* naar o.a. de *Divina Commedia* van Dante en de vegetatiemythen die James George Frazer beschreef in *The Golden Bough. A Study in Magic and Religion*. Weisgerber laat in dit baanbrekende artikel zien hoe de allusies en citaten waarvan Claus zich bedient, functioneren binnen de oedipale en inwijdingsthematiek, die ook in deze roman herkenbaar is.

Enkele jaren later vat Weisgerber in het boekje *Hugo Claus. Experiment en traditie* (1970), dat na bijna dertig jaar niets aan betekenis heeft ingeboet, zijn inzichten aangaande het œuvre van Claus samen. Hij bespreekt het wereldbeeld en de thematiek (weer met behulp van de twee mythen) van Claus, schetst zijn literaire ontwikkeling en plaatst hem tegen de achtergrond van modernisme en experimentele kunst. Het is de eerste keer dat het werk van Claus vanuit een literair-historische optiek wordt bezien.

Er spreekt niet louter lof uit de geschriften die aan het proza van Claus zijn gewijd. Bij het ingaan van het nieuwe decennium attaqueert de jonge schrijver Dirk de Witte zijn gerenommeerde collega in "Het land der blinden", een groot artikel dat verschijnt in het *Nieuw Vlaams Tijdschrift* (1971). De Witte oefent kritiek uit op de fouten en slordigheden die het proza van Claus zou bevatten en wraakt de commentatoren die deze feilen niet opmerken. De Witte weet aannemelijk te maken dat het proza van Claus niet vrij is van inconsistenties. In een aantal gevallen schiet hij echter zelf tekort. Zo kunnen zijn aanmerkingen op de ontknoping van *De Metsiers* vrij makkelijk worden weerlegd.

Het artikel dat Paul Claes in 1972 wijdt aan de kort tevoren verschenen roman *Schaamte*, is weliswaar niet lang, maar verdient het niettemin hier te worden vermeld. Claes biedt inzicht in de complexe structuur van de roman door drie niveaus te onderscheiden: de parodiërende vertelling, de psychologische beschrijving en de mythologische duiding. Zij komen overeen met de drie "zuilen" die Weverbergh bijna tien jaar eerder ontwaarde in *Omtrent Deedee*.

Met de analyse van *Schaamte* geeft Claes, die zich zal ontpoppen als een eminent kenner van het werk van zijn bijna-naamgenoot, een opmerkelijk visitekaartje af. In de volgende tijd verschijnt er een aantal inleidende werkjes over Claus en zijn literatuur. Daartoe reken ik niet *Hugo Claus of Oedipus in het paradijs* (1973) van Georges Wildemeersch, dat veel nieuw materiaal bevat, ook over het proza, al richt zijn studie zich vooral op de poëzie, reden waarom ik het laat bij deze korte vermelding.

Ik doel op de boekjes, geschreven door Bert Kooijman (1973) en Michel Dupuis (1976), en geredigeerd door Freddy de Vree (1976), alle de naam van de auteur in de titel voerend. Net als de aflevering van *De Vlaamse Gids* die in 1976 aan Hugo Claus wordt gewijd, getuigen zij van het aanzien dat de auteur intussen heeft verworven, zonder dat zij veel nieuws over hem en zijn werk te berde brengen. Interessant is de in het boekje van De Vree opgenomen tekst van het gesprek over *De verwondering* dat onder zijn leiding plaatsvond tussen Hugo Claus en Jean Weisgerber. Maar dit dateert al van 1967.

Halverwege de jaren zeventig gaat de Synthese-reeks van start, bedoeld om belangrijke Nederlandstalige literaire werken veelzijdig te belichten. De hoogtijdagen van de ergocentrische literatuurbeschouwing zijn voorbij. Nog steeds krijgen thematiek, vertelsituatie en andere tekstinterne aspecten aandacht. Overeenkomstig de opzet van de reeks, tot uitdrukking gebracht in de naam "Synthese", zijn er echter ook hoofdstukjes over de receptie, de plaats in het œuvre en de historische achtergronden.

In 1979 en 1980 verschijnen er achtereenvolgens deeltjes over *De verwondering* en *De hondsdagen*, geschreven door Joris Duytschaever respectievelijk G.F.H. Raat. Duytschaever analyseert de ingewikkelde structuur van *De verwondering* en behandelt de personages zowel vanuit een psychologisch als een mythologisch en historisch gezichtspunt. Daartoe gaat hij in op de intertekstuele dimensies van de roman en op de geschiedenis van het Vlaamse fascisme. Dat dit laatste onderwerp aan de orde komt, is in het onderhavige geval eerder toe te schrijven aan de specifieke inhoud van de roman dan aan

de belangstelling voor de ideologische kanten van literatuur, die in
de voorafgaande jaren de literatuursociologie een nieuwe impuls
heeft gegeven.

Raat levert na Wesselo een verbeterde analyse van de structuur
van *De hondsdagen*, die hij aanvult door voor het eerst de verwijzingen naar de *Divina Commedia* op te sporen en te duiden. Ook
belicht hij de thematische functie van het mythologische substraat
van de roman en situeert hij *De hondsdagen* in het œuvre van
Claus.

Er bestaat in deze jaren binnen de literatuurbeschouwing een
groeiende interesse voor het verschijnsel intertekstualiteit. Een
interesse die met het werk van Hugo Claus ruimschoots bevredigd
kan worden, zoals de analyses van Weverbergh en Weisgerber al
uitwezen. Guy Segers onderzoekt in 1980 in het *Tijdschrift van de
Vrije Universiteit Brussel* het bijbelse stramien dat aan *Het verlangen*
(1978) ten grondslag ligt. En Paul Claes, die intussen een groot
aantal artikelen over Claus op zijn naam heeft staan, zet in 1981 de
kroon op zijn werk met *De mot zit in de mythe. Antieke intertextualiteit in het werk van Hugo Claus*. In dit proefschrift bespreekt hij
grondig de relaties tussen het werk van Claus en de antieke oudheid. Allusies, citaten, bewerkingen en vertalingen worden systematisch behandeld. Het resultaat is een knap werkstuk dat niet
alleen een substantiële bijdrage levert aan de Clausstudie, maar ook
een degelijke inleiding vormt tot het verschijnsel intertekstualiteit.
In de handelseditie, die in 1984 verschijnt, is veel theorie over dit
nieuwe troetelkind van de literatuurwetenschap geschrapt. In over-
eenstemming met deze ingreep krijgt de ondertitel een minder
afschrikwekkend aanzien: *Hugo Claus en de oudheid*.

1984 is een vruchtbaar jaar voor de Clausstudie. Claes bundelt
zijn verspreide artikelen in *Claus-reading*. Dütting verzamelt onder
de gelukkige titel *Over Hugo Claus. Via bestaande modellen* recensies en artikelen van diverse auteurs, geschreven in een periode van
meer dan dertig jaar. Van Maurice Roelants over *De Metsiers* tot
Jaap Goedegebuure over *Het verdriet van België*. In het nummer dat
Bzzlletin in 1984 uitbrengt over Claus, komt het proza aan bod via
dezelfde romans. Raat schrijft over *De Metsiers* en Graa Boomsma

over *Het verdriet van België.* Het zeer uitvoerige artikel over de laatste roman zal in 1985 in bekorte vorm als boekje worden herdrukt. Gezien het belang voor de roman van de geschiedenis van de Vlaamse collaboratie tijdens W.O. II, besteedt Boomsma daaraan relatief weinig aandacht. Een verklaring is wellicht dat hij Nederlander is en voor een Nederlands publiek schrijft.

Onder de kenners van Claus' proza lijkt langzamerhand consensus te ontstaan over de wijze waarop dit bestudeerd moet worden. Een voorbeeld daarvan levert Wildemeersch met zijn model-analyse van *Het jaar van de kreeft* (1972), op het eerste gezicht een nauwelijks veredelde damesroman. In "Kitty, Toni, Katharina, Colombine, Kore, Maria en de anderen" demonstreert hij dat het in werkelijkheid gaat om een gelaagd literair werk, waarvan het oppervlakteverhaal zich verhoudt tot het diepere mythologische niveau als het bewuste tot het onbewuste.

Veel nieuws verschijnt er de volgende jaren niet over het proza van Claus. In *Het teken van de ram,* het jaarboek voor de Clausstudie dat in 1994 begint te verschijnen, start Raat een beschrijving van de ontwikkeling van Claus' proza, die hij in de volgende aflevering voortzet. *Claus' geheimschrift. Een handleiding bij het lezen van Het verdriet van België,* geschreven door Dina en Jean Weisgerber, is weer een intertekstuele analyse, zij het een die door de willekeurige verbanden die worden gelegd, vooral vragen oproept.

Het proza van Claus is aanvankelijk vooral thematisch benaderd, met speciale belangstelling voor de problematiek van de familie en de inwijding. Ook andere tekstinterne aspecten werden geanalyseerd, zoals de vertelsituatie en de tijd. Het werk nodigde daartoe uit en de ergocentrische oriëntatie van de literatuurbeschouwing begunstigde deze aandacht. Het onderzoek naar de intertekstuele dimensies van Claus' proza, dat al vrij snel op gang kwam, vloeide eveneens in eerste instantie voort uit de aard van het werk, maar werd gestimuleerd door de belangstelling die in de literatuurwetenschap groeide voor het verschijnsel intertekstualiteit.

Bij alles wat er is gepresteerd in de Clausstudie, niet zelden op een respectabel niveau, valt ook een aantal lacunes te signaleren. Ik noem er enkele. De proza-opvattingen van Claus zijn nauwelijks bestudeerd, hoogstwaarschijnlijk doordat er weinig materiaal voorhanden is in de vorm van essays en kritieken. Dit moet wel de oorzaak zijn, want er is in de afgelopen vijftien jaar in de Nederlandstalige literatuurbeschouwing veel poëticaal onderzoek verricht. Ondanks de onmiskenbare problemen, zou het toch de moeite waard zijn om te proberen op basis van wat wel aanwezig is (interviews, poëticale passages in het proza) de opvattingen van Claus nauwkeurig in kaart te brengen. Daarbij verdient het aanbeveling, mede gezien de schaarste aan materiaal, zijn denkbeelden over poëzie en toneel ook in de beschouwing te betrekken.

De receptie van Claus' proza is tot nu toe slechts mondjesmaat en oppervlakkig beschreven. Hier ligt een mooie kans om een vergelijkend onderzoek uit te voeren naar de ontvangst van Claus' proza in Nederland en België, teneinde aldus ook zicht te krijgen op de (vermeende) verschillen tussen de culturen van de twee landen.

Een nog nauwelijks beantwoorde vraag is die naar de plaats van Claus' werk in de ontwikkeling van het verhalende proza. Ook hier dienen zich mogelijkheden voor vergelijkend onderzoek aan, maar de obstakels zijn groot. Het Nederlandse taalgebied beschikt niet over een betrouwbare geschiedenis van zijn moderne proza.

Hoezeer het tekstinterne en intertekstuele onderzoek ook heeft gebloeid, ook hier blijft nog iets te wensen over. Er is bijvoorbeeld opmerkelijk weinig aandacht geschonken aan de taal en de stijl van Claus' proza. Toch is dit een onderwerp dat zich opdringt bij een auteur die dikwijls primair als een dichter wordt beschouwd. Echter, een onderzoekstraditie ontbreekt. Maar deze en andere moeilijkheden mogen geen reden zijn om te berusten in de leemten die de Clausstudie op dit moment vertoont.

Een indrukwekkend œuvre
Over de studie van Claus' toneel

Jaak van Schoor en Christel Stalpaert

 Voor Hugo Claus was het van meet af aan duidelijk: het theater is een specifiek medium. In zijn bijdrage aan de essaybundel *Première* (1958) blijken zijn inzicht in en zijn vertrouwdheid met het métier duidelijk. Via het toneel, zo stelt hij, wil hij "poëzie zichtbaar maken" en de "intieme beklemmingen van de dichter als een direktere en konkretere mededeling openbaren". Maar ook het werken in grosplans, het essentieel fysieke aspect van het theater en de beperkingen in tijd en ruimte die om een artistieke vertaling vragen, zijn hem bekend.

Later stelt Claus dat toneel "niet zo geraffineerd is als poëzie en proza"; dat de behoefte aan vulgariteit hem tot het theater bracht, de behoefte aan het groteske en spot (*De Argo-cahiers*, 115/1-2, 1972-1973).

In zijn boeiende studie *Over Claus' toneel*, waarin de internationale context sterk benadrukt wordt, heeft Jacques de Decker aangetoond dat Claus in zijn eerste vingeroefeningen, met name in de eenakters uit de jaren vijftig, de lessen van Beckett en van Artaud duidelijk heeft geassimileerd. De verbondenheid van het theater met het ritueel (christelijk en heidens) zal hem blijven obsederen. Niet zelden reikt het ritueel hem een stramien aan waarop hij zijn toneelverhaal vastpint. In de geest van Antonin Artaud heeft dat ritueel veelal te maken met onderwerping, misbruik van macht en wreedheid.

Claus heeft steeds veel belang gehecht aan de souvereine positie van de auteur in het theater. In zijn toneelteksten staan doorgaans meer toneelindicaties en dus meer richtlijnen voor de regisseurs en de acteurs dan bij andere schrijvers. Eigenlijk is Claus ook als regisseur aanwezig in zijn teksten. In die zin laat hij een regisseur niet zoveel speelruimte. Herman Teirlinck heeft ooit opgemerkt dat Claus dat ook niet deed voor zijn acteurs. Dit is in het bijzonder van toepassing voor *Mama, kijk, zonder handen!* (1959), een zogeheten improvisatie waarin eigenlijk niet kan worden geïmproviseerd. Dit verklaart ondermeer waarom Claus meer dan eens met de regisseurs van zijn werk in de clinch is gegaan (bekend zijn onder andere de spanningen met Walter Tillemans en Sam Bogaerts). De technische en spelaspecten horen volgens Claus ten dienste te staan van het woord van de schrijver dat rijk genoeg is en geen franjes behoeft.

Er is totnogtoe te weinig aandacht geschonken aan de relatie van Claus' toneel tot de film. Niet alleen gebruikt hij voortdurend filmische procédés (flash-backs, flash-forwards, uit- en infaden, close-up, focalisering, enz.), ook wat de thematiek en de compositie van zijn stukken betreft, zijn er duidelijke verbanden met de filmkunst. Claus is bovendien een auteur die heel sterk in direct aanslaande beelden redeneert.

Plaats in de toneelgeschiedenis

Alleen al door zijn grote productiviteit neemt Claus een vrij unieke plaats in de toneelgeschiedenis in. Zijn omvangrijke toneelœuvre werd totnogtoe nauwelijks afdoende bestudeerd. Jacques de Deckers eerste poging tot synthese, *Over Claus' toneel* (1971), heeft meer dan twintig jaar moeten wachten op een vervolg. Voorzichtigheidshalve omschreef Johan Thielemans zijn essay *Het Paard Begeerte* (1994) al meteen in de ondertitel als "Aspecten van het toneel van Hugo Claus".

Toch is het niet gewaagd te stellen dat Claus, door zijn verbeelding, door de rijkdom aan thema's, maar vooral door zijn menselijk inzicht en zijn kijk op wat mensen beweegt, geen intellectualistisch auteur is. Dat is ook de stelling van Carlos Tindemans in zijn overzichtsartikel "Hugo Claus, de stukkenschrijver" (*De Vlaamse Gids*, maart-april 1990). Claus schrijft concreet mensentheater. Tegelijk getuigt zijn werk van een grote en erudiete belezenheid in de wereldliteratuur, die hij op een zeer persoonlijke manier heeft geassimileerd. Zijn nonconformisme en zijn spot met alles wat naar macht en gezag ruikt, vullen dat beeld aan.

De grote herkenbaarheid van de thema's en het feit dat Claus toch telkens aan de theatermakers de gelegenheid biedt om tot een sterk visueel kunstwerk te komen, hebben er ongetwijfeld toe bijgedragen dat hij de meest gespeelde Vlaamse toneelauteur is sinds 1945. Opvallend daarbij is dat hij zowel in het beroepsmilieu als bij het amateurtoneel voortdurend op de affiche staat.

Toch geeft zijn toneelœuvre geen volgehouden succesverhaal te zien. Claus' schrijfdrift en zijn behoefte om vele thema's aan te snijden, heeft niet alleen tot *ups*, maar ook tot *downs* geleid. In het continue proces van experimenteren storen soms de herhalingen en dreigt hij te verzinken in banaliteit en trivialiteit. Soms ook wordt Claus ingehaald door zijn eigen obsessie voor trivialisering en wordt hij de dupe van zijn eigen naïviteit en zin voor uitvergroting.

Stijl, genre, thematiek en personages

Gedurende bijna een halve eeuw schreef Claus een indrukwekkend œuvre bij elkaar dat niet onder één stroming, stijl of vorm valt onder te brengen. Claus experimenteerde met het absurde drama, het surrealisme, het naturalisme, het psychodrama, de tragedie, de tragikomedie, de komedie en de burleske, en op vormelijk vlak schreef hij zowel monologen, eenakters, als avondvullende spektakelstukken. Bovendien schreef Claus naast zijn oorspronkelijke dramateksten bijna evenveel bewerkingen en vertalingen van de Griekse, Romeinse, Elizabethaanse en Duitse klassieken.

Blijkbaar voelen de Clausonderzoekers zich overrompeld door deze veelheid en deze verscheidenheid. Typerend is bijvoorbeeld dat van al Claus' toneelbewerkingen totnogtoe alleen de antieke stukken op min of meer volgehouden aandacht hebben kunnen rekenen.

De Clausstudie heeft wel duidelijk weten te maken dat, ondanks de grote verscheidenheid in vorm, genre, structuur en stijl, er een vrij sterke thematische coherentie in Claus' toneelwerk aanwezig is. De belangrijkste werken die in dit verband dienen te worden vermeld zijn Paul Claes' studie over de plaats van de antieke oudheid in Claus' werk, inclusief het toneelwerk, *De mot zit in de mythe*, en Johan Thielemans' reeds vermelde poging tot synthese van het theaterwerk *Het Paard Begeerte*.

Zoals Thielemans heeft aangetoond loopt de begeerte als een rode draad door Claus' werk, van zijn eerste eenakter *De getuigen* (1952) tot zijn meest recente stukken. Zij is er onlosmakelijk verbonden met de tegenstrijdige gevoelens van de onvolwassen man die zowel een extreme adoratie als een extreme angst voor de vrouw koestert. Het katholieke keurslijf dat het Vlaamse burgermilieu teistert en de daaruit resulterende hypocrisie zijn volgens Claus remmende factoren voor het vrije cultiveren van genot en begeerte. Zij worden in zijn stukken onder de loep genomen. De menselijke oerdriften en instincten zijn volgens Claus aan banden gelegd door het schuldgevoel, het geweten en de daaraan gekoppelde geboden, verboden, wetten en regels om te voorkomen dat het ongecontroleerde "ik" de gemeenschap ondergraaft. Claus verdedigt de instinctieve levenskracht tegenover het verdrukkende bewustzijn en tegenover het bedrieglijke masker van de sociale democratie, het katholicisme en de Vlaamse burgerlijke preutsheid.

In die zin kan Claus gelden als de eeuwige rebel. Toch kan zijn werk niet politiek georiënteerd worden genoemd. Enkel tijdens een kort intermezzo op het einde van de jaren zestig en het begin van de jaren zeventig schreef Claus een aantal politiek getinte stukken in de vorm van satirische theaterteksten. In het libretto *Reconstructie* (1969), bijvoorbeeld, wordt Che Guevara en de Cubaanse revolutie verheerlijkt, *Tand om tand* (1970) schetst een toekomstbeeld waarin de Uilenspiegelfiguur Jan van der Molen voor politieke misdaden terecht staat in een fascistoïde Vlaamse staat, terwijl *Het leven en de werken van Leopold II* (1970) de vaderlandse mythes rond Leopold II ontkracht. Het zou grondiger studie verdienen, maar het politieke engagement lijkt in Claus' andere werken niet direct aanwezig. In *Suiker* (1958), bijvoorbeeld, zullen de sociale wantoestanden nooit tot een uitgesproken verzet leiden. De dagelijkse strijd van de personages tegenover hun eigen duistere, chaotische wereld primeert. In de handleiding *Omtrent* Suiker *van Hugo Claus* (1975, p. 5) luidt het: "De personages zijn, wat hun problemen betreft, geen seizoenarbeiders maar in de eerste plaats individuen wier wereldbeschouwing niet wordt ingegeven door hun werkmilieu, hoewel zij er zich daar, in die bepaalde omstandigheden, van bewust worden." De confrontatie met het dogmatische, met het burgerlijk conformisme speelt zich af op het persoonlijke vlak. Claus' personages zijn in de eerste plaats belichamingen van verlangen, frustratie en arrogantie.

Het pantomime-gedicht *Zonder vorm van proces* (1949) wordt in de Clausstudie vaak aangegrepen als de eerste stap van de auteur in de richting van de toneelschrijfkunst. Het is geïnspireerd op de Franse theatermaker Antonin Artaud en diens *Théâtre de la cruauté* en geeft de denkpiste aan waarop Claus zich zal begeven in zijn verdere schrijversloopbaan. Claus deelt duidelijk Artauds visie op de functie van het theater; een theatervoorstelling moet door het niets ontziende blootleggen van de vitale drift, van de oerinstincten van begeerte en lust algemene paniek en hallucinatie opwekken bij de toeschouwer. De orgie van losgelaten passie die hieruit voortkomt, werkt als een shocktherapie en heeft een reinigende werking als door een meedogenloze zelfanalyse en zelfontdekking. Al bij al valt deze orgie bij Claus nog mee. In zijn eenakter *De getuigen* (1952), schetst hij de begeerte en wat ze betekent voor man en vrouw: angst, agressie en bezwering.

In *Het Paard Begeerte* destilleerde Johan Thielemans uit dit stuk een aantal basisthema's die ook terug te vinden zijn in alle volgende stukken. Zij geven de krachtlijnen aan van de huidige studie. Een belangrijk thema is het "afwezige" lustobject, de vrouw, die de onvoldane begeerte van de man versterkt en zijn fantasie prikkelt. De mannelijke verbeelding en mythologisering van de afwezige vrouw staat in schril contrast met haar alledaagse, banale realiteit. Die mythologisering is trouwens ook dubbelzinnig; de vrouw wordt enerzijds gezien als heilige en als hoop op zuiverheid en anderzijds wordt ze afgedaan als instrument van de ondergang van de man. De onbereikbare plaats van het verlangde wordt in *De getuigen* voorgesteld door het verlichte raam waarachter de geheimzinnige vrouw zich het hele stuk door verborgen houdt. De onvoldane begeerte en de frustratie van de mannelijke blik vormen de katalysator voor de wildste fantasieën rond het lustobject met een mythische en tegenstrijdige voorstelling van de vrouw als resultaat; Lorna is tegelijk – zo stelt Johan Thielemans (p. 10) – "maagd, hoer, Onze Lieve Vrouw, de mooiste vrouw ter wereld, panter en beest […]. Geen daarvan bepaalt de concrete vrouw Micheline van den Berg; ze hebben allemaal te maken met de mythe Lorna, het geheimzinnige wezen dat zelf een geheime kamer heeft."

In het begin van *Suiker* (1958) wordt de terugkeer van de vrouw, Malou, aangekondigd. Tijdens haar afwezigheid hebben de meeste mannen zich een beeld van haar gevormd dat niet overeenstemt met de werkelijkheid. Malou wordt geïntroduceerd via de lasterpraat van de Oude Minne. Haar optreden is indirect, maar vormt mede door de mythevorming van de man de aanleiding tot de crisis tussen Max en Kilo.

Ook in *Het schommelpaard* (1988) is de afwezige vrouw een bron van angst, nieuwsgierigheid en fantasie. Achter de spleet in de muur, in een aangrenzende ruimte van het appartement, bevindt zich het onbereikbare wezen. Enkel de vrouw Thalia kan ongehinderd de geheime kamer betreden. Iedere man voelt zich onweerstaanbaar aangetrokken tot de onbekende vrouw. Het beminnen van de vergoddelijkte vrouw, de extase, leidt tot de liefdesdood, tot de geestelijke vernietiging. Net zoals in *De getuigen* draagt de vrouw in *Het schommelpaard* zowel het banale als het sacrale in zich. Het karakter van de vrouw leent zich tot veelvuldige verschijningsvormen die het angstwekkend mysterieuze van de vrouw benadrukken. In zijn reeds geciteerde studie omschrijft Thielemans Thalia als "alles tegelijk: godin, priesteres, bordeelhoudster, man, vrouw, én hermafrodiet", in tegenstelling tot de mannelijke karakters, die veel eenduidiger en coherenter zijn.

In al zijn toneelstukken – zo blijkt ten overvloede uit *Het Paard Begeerte* – benadrukt Claus dat het mes van de begeerte langs twee kanten snijdt. Enerzijds leidt seksuele verdringing tot frustraties, geestelijke afwijkingen en schuldcomplexen, anderzijds werkt de totale overgave aan de wilde begeerte verwoestend. Claus verwijt de Kerk dat zij – uit angst voor de mysterieuze (oer)krachten van de met de natuur gelieerde vrouw – de "zondige" orgastische begeerte bestrafte en sublimeerde tot een kuise, spirituele liefde van de Heilige Moeder en Maagd Maria. De katholieke preutsheid predikt seksuele verdringing en is daardoor mede verantwoordelijk voor de frustraties die de mens teisteren. De begeerte wordt tevens gevangen gezet in de beschermende structuur van het gezin, maar ook daar zorgt zij – naar analogie met de Oedipusmythe – voor dramatische conflicten. De diepste drijfveren van de mens blijven botsen met de eisen van de maatschappij.

De verschrikking van de verdovende christelijke moraal kent in *Interieur* (1971) een hoogtepunt, maar ook in stukken als *Masscheroen* (1967) en *Vrijdag* (1969) stelt Claus de katholieke preutsheid aan de kaak. De persoonlijke drang om de instinctieve oerdriften te bevredigen en de druk of de dwang om deze te beheersen scheppen tegenstellingen in één personage, in één omgeving, in één beeld. De inherente – dikwijls erotische – spanning die hieruit resulteert is een waarmerk van Claus' werk geworden.

In de loop van de jaren vindt er een inhoudelijke accentverschuiving plaats in Claus' thematiek. De persoonlijke spanningen die in Claus' eerste werken aan bod komen, krijgen een ruimere menselijke geladenheid door de universele draagwijdte van de problematiek. Claus verzacht zijn verwijt aan het adres van het katholicisme en het verstikkende keurslijf ervan omdat hij inziet dat de spanningen die de begeerte veroorzaakt in feite inherent zijn aan het menselijke bestaan zelf en aan het onhandelbare van de begeerte als natuurlijke impuls. De verantwoordelijkheid voor de ondraaglijkheid van de tegenstrijdige emoties die zij oproept, ligt volgens de latere Claus niet enkel bij het schuldgevoel dat de kerkvaders en moraalridders meegeven in hun pogingen om het "beest" begeerte te ontkrachten. Claus wendt in zijn zoektocht naar een universele thematiek de Griekse en Romeinse mythologie aan om te verwijzen naar – zoals Thielemans het formuleert (p. 7) – "uitingen van heidense culturen die onder de oppervlakte van de Joods-christelijke cultuur voortleven."

Paul Claes en in zijn spoor Freddy Decreus, Rudi van der Paardt e.a. toonden aan hoe Claus de antieke mythologie als dieptestructuur gebruikt en moderne werken schept in de vorm van een travestie. Hij zet de motieven en de rituelen van de bestaande Griekse of Romeinse mythe naar zijn hand door ze vanuit zijn eigen obsessies te benaderen. In zijn baanbrekende studie *De mot zit in de mythe* omschreef Paul Claes een aantal klassieke mythologische thema's en structuren die Claus in zijn stukken aanwendt en doorgrondt, namelijk de theogonie en de vegetatiemythen. Hierbij zijn Sigmund Freud en James George Frazer zijn belangrijkste leidraden. Claus trekt immers een verbindingslijn tussen de vegetatie- en de theogonische mythen en de Freudiaanse Oedipusmythe langsheen de archetypen van Moeder en Zoon.

Naar analogie met de Oedipusmythe zijn moederliefde (bezit) en vaderhaat (moord) belangrijke componenten in Claus' œuvre. De hoofdfiguur refereert in zijn handelingen, karakterisering en obsessies telkens weer aan de mythologische figuur Oedipus en aan zijn psychoanalytische ontleding. Dit zijn stuk voor stuk dominante gegevens in de actuele Clausstudie.

Een eerste belangrijk mythologisch thema in Claus' toneelstukken is de theogonie, die het ontstaan van de kosmos en van de goden wil verklaren. De theogonische allusies weerspiegelen de overgang van een matriarchale (Gaia) naar een patriarchale (Cronus en Zeus) orde. Volgens Claes verhalen de theogonische mythen bij Claus niet zozeer het ontstaan van de goden als wel de genese van de psyche. Zoals hij in *De mot zit in de mythe* (p. 135) stelt, dienen de theogonische allusies in feite om "de oedipale verwijzingen in een ruimer cultureel kader te plaatsen," om de fundamentelere oedipale en vegetale allusies te verstevigen.

De verhouding van de personages in *Interieur* (1971) valt op een dergelijke psychoanalytische manier te structureren en tevens te koppelen aan de theogonische mythen. De Moeder die in dit stuk wordt gevierd, vertoont een sterke gelijkenis met de oermoeder Gaia en is eigenlijk de christelijke variant van de oude moedergodin. Deedee valt dan weer gelijk te stellen met Cronus. De viering van de Moeder, die met een plechtige mis begint, ontaardt in een orgastisch drinkgelag. Dit extatisch, dionysisch gebeuren komt echter tot een anticlimax op het ogenblik dat Deedee het geslacht van Jeanne ziet. In zijn kritiek op het katholicisme laat Claus de priester Deedee optreden als een mislukte Cronus. Als vertegenwoordiger van het christendom, dat de seksualiteit verdringt en het celibaat voorschrijft, blijkt Deedee niet in staat om de rol van Cronus naar behoren te "spelen". De zelfmoord van Claude is dan ook een sterke uithaal van Claus naar het christendom dat hij verantwoordelijk acht voor schuldcomplexen en "afwijkingen" die het resultaat zijn van seksuele verdringing.

Een tweede belangrijke mythologische component destilleerde Claus uit de vegetatiemythen van de oudheid. De rituelen en gebruiken die in de vegetatiemythen tot uiting komen en die het jaarlijks terugkerend sterven en opbloeien van de natuur uitbeelden, werden verzameld door de Schotse antropoloog Frazer en werden door Claus gretig aangewend om te koppelen aan zijn eigen obsessie met begeerte en vruchtbaarheid. Claus' agrarische belangstelling kadert steeds binnen familiaal-seksuele motieven en vraagt een psychoanalytische duiding. Zoals Paul Claes heeft aangetoond gaan de oedipale en vegetale symboliek hier hand in hand. De stervende en herrijzende god, de door castratieangst getergde vaderfiguur, is telkens verbonden met een godin, die als moeder en als geliefde wordt voorgesteld. In die zin kan het belang van de vegetatie-cyclus gekoppeld worden aan Claus' obsessie met de tegenstelling tussen de oude, impotente man en de jonge, viriele minnaar.

Het verschil tussen oud en jong speelt bij Hugo Claus duidelijk een belangrijkere rol dan het verschil in sociale status. Dat is reeds het geval in *De getuigen* (1952), waar de oudere, gefrustreerde mannen tegenover de jonge Juan worden geplaatst. Ook in *Suiker* schetst Claus jeugd en kracht tegenover hogere leeftijd, ziekte en aftakeling. De verhouding tussen de Oudste en de Jongste Minne in *Suiker* (1958) is frappant. Volgens Claus' regieaanwijzingen zijn het "twee identieke, oeroude kale mannen, een tweeling." Toch is het de Oudste die steeds aan het weeklagen is en de meeste trekken vertoont van de melancholieke, impotente en gefrustreerde ouderling. Voor hem is de staking de aanleiding voor zijn subjectieve conclusie dat alles voorbij is: de campagne, de wereld, het leven. Als zodanig verpersoonlijkt hij de stervende god van de vegetatiemythe.

Dat geldt ook voor de vaderfiguur Baers uit *Mama, kijk, zonder handen!* (1959). Zijn karakterisering als natuurgod en de vegetale en fallische symboliek wijzen alle in die richting. Zijn aangenomen zoon Stefaan Vermeersch – geassocieerd met de "onvruchtbare rotsen en woestijnen" – weigert zijn voorganger te doden en wordt door zijn pleegvader onterfd. Paul Claes ziet in *De dans van de reiger* (1962) een gelijklopende mogelijkheid tot interpretatie: in de hoofdpersoon Edward Messiaen, die zelfmoord wil plegen door zich op te hangen aan een ceder, ziet hij een variant van Frazers "hanged god", die in de vegetatiemythe het sterven van de natuur verpersoonlijkt.

Ook *Vrijdag* (1969) vertoont een soortgelijke aandacht voor het vruchtbaarheidsconcept in de figuur van Georges Vermeersch, de verchristelijkte heidense vruchtbaarheidsgod, en van zijn vrouw Jeanne Vandale, de incarnatie van de Magna Mater. In zijn ongepubliceerde verhandeling *De rol van de religie in Hugo Claus' Vrijdag* (1977) wees Georges Wildemeersch op de overgang van de heidense, chtonische en agrarische rituelen naar de christelijke godsdienst met zijn thematische verwantschap met sommige natuurrites. Wildemeersch interpreteerde Georges' verblijf in de gevangenis als de hellevaart die hem initieerde in een niet-heidense godsdienst. Zijn geestelijke raadsman bij deze tocht is Jules

Dumont, in wie Wildemeersch de godsdiensthervormer Montanus zag. Claus verbindt met andere woorden de heidense en de christelijke rituelen; hij verbindt het centrale gegeven van de vegetatiemythe, namelijk het sterven en herrijzen, met het christendom, met de dood en de verrijzenis van de zoon van God. De vrouwelijke pendant van de stervende god uit de vegetatiemythologie is de Magna Mater. Zij draagt contradictorische aspecten in zich; ze is zowel symbool van de vruchtbaarheid en draagster van het leven, als de dreigende vernietigster van het vruchtbare, van het kostbare leven. In *Het schommelpaard* (1988) verwijst de naam Thalia naar een dergelijke vruchtbaarheidsgodin uit de Griekse mythologie die de planten deed bloeien. In haar dubbelzinnige karakterisering is zij de Grote Moeder, het symbool van leven én dood.

Taal

Uiteraard vertoont de taal van Claus' poëzie en die van zijn toneel een grote verwantschap. De beeldspraak is in dit verband heel belangrijk en die wordt voortdurend gevoed door de beeldspraak van de Gentse en Westvlaamse dialecten. Toch blijft die taal altijd een kunsttaal, een gekunstelde taal, een Clausiaans amalgaam. Die taal komt vrij barok over. Claus is wat dat betreft zeker geen minimalist en zijn realisme is in dat verband nooit de weergave van een gesproken of geschreven taal tout court. Ook de muzikale kwaliteiten van die taal zijn heel belangrijk.

Binnen Claus' taalgebruik schuilt een zeker dualisme; veelal gebruikt hij een tussentaal waarbij de woordenschat nergens consequent een dialect of Algemeen Nederlands is. Anderzijds mikken zijn metaforen op een herkenning waarbij heel wat beeldspraak uit het dialectische taalgebruik komt. Claus' taal is een specifieke taal, een materie die hij telkens weer tot een eigen taalkunstwerk kneedt. Dat levert een soort antitaal op die zich als een subjectieve expressievorm tegenover de omgangstaal profileert. De vele grappige toespelingen en taalspelletjes vullen dit beeld aan.

In dat verband zijn ook de vele intertekstuele referenties, zoals die door Paul Claes, Georges Wildemeersch e.a. werden bovengehaald en blootgelegd, opvallend. Het zijn toespelingen zowel op de (wereld)literatuur als op concrete situaties en de actualiteit. Ook het beeld en bekende voorstellingen (uit de film, uit de reclame, enz...) worden daarbij betrokken.

Claus' taalgebruik varieert naar gelang van de genres die hij hanteert. Ook voor zijn toneel is hij een man van alle stijlen; van realisme tot experiment, van satire naar groteske en burleske, van klassiek tot triviaal.

Ondanks het feit dat er totnogtoe weinig aandacht aan geschonken is, is het opvallend dat Claus' taalgebruik sinds zijn eerste toneelschetsen sterk geëvolueerd is. In zijn vroegste toneel zijn nog vele sporen te vinden van een boekentaal die nu soms verouderd klinkt.

Opvoeringsanalyse

Eigenlijk is pas laat met de invalshoek van de opvoeringsanalyse rekening gehouden. De meeste besprekingen van Claus' toneelœuvre houden verband met de analyse van de teksten of aspecten ervan. Het theaterwetenschappelijke onderzoek vertoont grote lacunes. Toneel wordt toch in hoofdzaak gemaakt om opgevoerd te worden en dat is niet alleen een materie voor de critici.

Uiteraard houdt dit verband met de veel complexere betrokkenheid, niet alleen van de auteur, maar ook van de regisseurs en hun specifieke aanpak, van de acteurs, de scenografen, e.a. Het is bekend dat de regisseur Claus altijd een bijzondere zin voor nuances met betrekking tot zijn taal aan de dag legt en vooral het woord volop tot zijn recht wil laten komen. Om deze reden behoren tot zijn beste realisaties die producties waarbij hij zelf de acteurs heeft gekozen. Claus wordt in het theatermilieu niet als een eminent regisseur beschouwd. Regisseurs als Walter Tillemans en Jean-Pierre de Decker hebben Claus' stukken en de acteurs duidelijk meer in de ruimte gezet en hebben de beeldspraak ervan met meer theatrale middelen willen vertolken.

Voor de specifieke inbreng van het theater en de speelbaarheid van de stukken hebben diverse auteurs sinds het einde van de jaren zestig aandacht getoond, zoals bijvoorbeeld Carlos Tindemans en Freddy Decreus voor Claus' bewerkingen van antieke stukken en Alfons Goris en Jaak van Schoor voor *Vrijdag*. Het eigenlijke theaterwetenschappelijke onderzoek staat evenwel nog in de kinderschoenen. De aspecten van theatraliteit, van een specifieke theatertaal, en dergelijke, dienen nog grondiger bestudeerd te worden. Vooral het vergelijkende onderzoek dient nog meer aan bod te komen.

Gebruikte en nieuwe bouwstenen voor een multidisciplinair Claushaus
Over de tekstexterne benadering van Claus' werk

Bert Vanheste

De ingewijde uit het openings-
gedicht van Claus' *De Oostakkerse
gedichten* heeft geen lippen. Wie
het niet te noemen falen van de
volwassenen geopenbaard ziet in
de kwalen der kinderen, is spra-
keloos. Woorden schieten – na
het kortvlerken, na de gerichts-
dag, na de "wangeboorte" – te
kort. Behalve dan, bij Claus en de
modernisten, die van de ingewij-
de dichter. In een nieuwe taal, verwant aan die van de naïeve kinderen en van de negerin in trance, verraadt/ openbaart hij als snel-
schrijver/ stenograaf/ geheimschrijver het onzegbare.

De ingewijde

De ingewijde heeft geen lippen, de kraamvrouw zwijgt,
De kwalen der kinderen en kwalen alleen openbaren
Wat in het vel der ouders is gekanteld

En in dit dorp tussen de gevlerkte linden
Verraadt de snelschrijver zijn dorpelingen.
De stilte is
Een gericht van steen, een ijzeren dooi wanneer hij
Weent en schrijft en luistert naar de mannelijke kinderen:

"Heb ik dan grote ogen?"
"Ja, grote, grauwe ogen en een sterk handschrift."
"Waarom zit je in het veld van Oostakker?"
"Er zijn doofstomme meisjes en ik ben blind."

"Wat zou je doen als ik lelijk was, een bochel had?"
"Ik zou je nooit meer beminnen."

En dit,
Ongezien als ontharing door zilverwit:
De nacht tussen de betelplanten
Met een negerin die, tegen geen woorden bestand,
Schreeuwt in een taal niet te noemen.

Een halve eeuw lang is Hugo Claus een "snelschrijver" gebleven. Zowel een veelschrijver als een geheimschrijver. Ook zijn meest toegankelijke gedichten of een ogenschijnlijk simpele roman als *De geruchten* blijven raadselachtig. En er blijkt geen sleet te komen aan de pennen van diverse pluimage die Claus snel en afwisselend ter hand neemt.

In 1973 al sprak Bert Kooijman de verwachting uit dat Claus erin zou slagen een nog groter en diverser œuvre te schrijven dan Vestdijk. De in Kooijmans studie opgenomen foto's alleen al laten tal van gezichten van Claus zien: de dichter, de romanschrijver, de toneelschrijver, de cineast, de voordrachtskunstenaar. In de tekst zelf is er ook nog aandacht voor de scenarioschrijver, de schilder, de essayist, de criticus en de vertaler Claus. Kooijman erkende dan ook dat zijn "Grote Ontmoeting" (1976) beperkt moest blijven tot een summiere bespreking van Claus' activiteiten op de verschillende terreinen van kunst en letteren.

In hetzelfde jaar 1976 erkende ook Michel Dupuis dat Claus' veelzijdigheid de literatuurbeschouwer wel in verwarring moest brengen. Daar stelde hij evenwel tegenover dat juist het uiteenlopende karakter van Claus' werk en in het bijzonder zijn vermenging van de genres, de onderzoeker een houvast kan bieden. Onmisbaar uitgangspunt voor een grondige Clausstudie is dan het inzicht dat de auteur uitgaat van een kunstopvatting waarin de scheiding van de genres en de overgeleverde regels niet langer in acht worden genomen. Aanvankelijk legde Claus zich toe op een speels experiment met de traditionele genres. In tegenstelling tot andere avantgarde-kunstenaars verzaakte hij echter – steeds volgens Dupuis – nooit aan het brengen van een boodschap.

Gaandeweg won de inhoud, de communicatie het zelfs van het zuivere spel met de vorm. Claus participeert in de menselijke geschiedenis en doet daarvoor telkenmale beroep op de meest geschikte literaire vorm.

Blijkbaar beschikte Dupuis over onvoldoende ruimte en voorstudies om dit soort ideeën verder uit te werken. In zijn overzicht van Claus' werk beperkt hij zich grotendeels tot, weliswaar spitse, beknopte besprekingen van de los van elkaar staande genres. Wie de sindsdien gepubliceerde Clausstudies overziet, ontkomt er niet aan vast te stellen dat deze nagenoeg uitsluitend het inzicht in afzonderlijke teksten en in afgescheiden genres vergroot hebben. Slechts een enkele keer legt een onderzoeker of essayist verbanden tussen Claus' poëzie, proza en toneel. Zo stelt Dirk de Geest in de bundel *Brekende spiegels* (1992) dat de lezer die Claus meet aan de eeuwenoude maatstaven van de traditionele esthetica – de onnavolgbare verwoording van essentiële menselijke ideeën, een scherp onderscheid tussen literaire en niet-literaire teksten en ondubbelzinnig afgebakende genres – bedrogen uitkomt. Als voorbeelden vermeldt De Geest critici van *Het verdriet van België, Een bruid in de morgen, Suiker* en *Vrijdag.* Niettemin ziet ook hij zich gedwongen zijn toelichting van de fundamentele andersheid van Claus' geschriften te beperken tot enkele gedichten.

In de bundel *Dromen en geruchten* (1997) beperkt ook Georges Wildemeersch Claus' poëtica tot diens poëzie, het genre waarmee hij het meest vertrouwd is. Ongetwijfeld herkent de onderzoeker van Claus' proza of toneel, getuige bijvoorbeeld de andere bijdragen in deze publicatie, heel veel in de poëzieopvattingen die Wildemeersch blootlegt: de keuze voor het permanente experiment, de tegenstelling tussen het onvrije leven en de kunst als het rijk der vrijheid, de verbrokkelde, onzekere, ambivalente mens... Wildemeersch zelf bevestigt, zij het voornamelijk op intuïtieve gronden, de mogelijkheid deze opvattingen uit te breiden tot het gehele œuvre; al lijkt Claus' œuvre een toonbeeld van verscheidenheid en versplintering, toch vertoont het een opvallende eenheid en samenhang.

Van aparte genres naar het complete œuvre

De ontdekking van de wereld die Hugo Claus in ruim een halve eeuw heeft verbeeld, kan wellicht het best van start gaan op enkele kruispunten waar afzonderlijk reeds grondig verkende teksten, behorend tot verschillende genres, samenkomen. Een vergelijking bijvoorbeeld van een dichtbundel, een roman en een toneelstuk die min of meer gelijktijdig zijn ontstaan en bij een eerste lectuur al naar elkaar lijken te verwijzen. Die confrontatie kan licht werpen op overeenkomsten en verschillen, op de gronden voor de keuze voor dit of dat genre, op de verwevenheid van het werk uit die en andere perioden. Overigens kan de verwevenheidshypothese een vruchtbaar uitgangspunt zijn voor een nieuwe verkenning van de betekenis van een concrete tekst. Ter ondersteuning van die veronderstelling leg ik heel even een fragment uit de in 1952 gepubliceerde roman *De hondsdagen*, waarover ik schreef in *De Gids* (juli 1992), op een gedicht uit *De Oostakkerse gedichten*, dat Claus tussen 1951 en 1953 schreef en waarover Paul Claes publiceerde in *Het teken van de ram 1* (1994).

> Het klemwoord: huis of schelp
> Verraadt de zoon van Los (de zoon van los, wolvin en leeuw)
>
> Want in geen kamer is een karavaan,
> In geen wereld is een gewelf
> Of een vooronder; in geen koren
> Staat de zomer van zijn stappen.
>
> Alleen is licht en lichter de tent van lucht
> Over het zwellend land, de groeiende zee,
> Is onontkoombaar de duikende meeuw op de
> Schalen van haar borst,
>
> Op de roestberg van haar buik,
> Op de roodvonk van haar lippen
> Die in het donkere, scherp donkere blaakt.

Claes herkent in dit gedicht, "Het klemwoord: huis" 1, een grondpatroon uit Claus' werk: het zich terugtrekken in zijn schulp, het zoeken naar geborgenheid en het zich weer losmaken uit een beklemmende relatie. De vlucht in de natuur (regels 7-8) loopt uit op een herhaling in een ruimer kader van de oorspronkelijke beklemming. Het heeft er de schijn van dat Claes hier het "fundamenteel ambivalent mens- en wereldbeeld", dat Wildemeersch bij Claus onderkent, herleidt tot een chronologische opeenvolging van het zoeken naar geborgenheid, overgave, communicatie, engagement en het zich weer losmaken, narcisme, hermetisme en afzondering. Confrontatie van dit gedicht met hoofdstuk V uit *De hondsdagen* opent mijns inziens de weg naar een lezing die het wezenlijk ambigue karakter van beide teksten openbaart, de gelijktijdige, dialectische verhouding tussen tegengestelde gedachten, gevoelens en verlangens. Op het eerste gezicht bevestigen de amper twee bladzijden van dit hoofdstuk Claes' chronologische interpretatie: Lou heeft zich losgemaakt uit de beklemming van haar kleinburgerlijke moeder en dito milieu en Philip is op weg naar de volwassenheid. In een latere fase van de roman zal Lou de chronologie accepteren en tegen het einde zal ook Philip dat doen; zij lijken zich neer te leggen bij de burgerlijke opvatting dat opstandigheid niet meer is dan een overgangsfase. Zeker Philip weet dat die opvatting, die orde, een leugen is, vals. In werkelijkheid is Lou een vat vol onoplosbare tegenstrijdigheden. Zij is warm, verleidelijk, aards en toch denkt zij aan "koude, treurige vissen met vleugelstaarten". Of aan nieuwe schoenen of aan haar ouders. Philip brengt haar in verband met de zee en wellicht zichzelf met de "witte beenderen van een verdronken paard", met Poseidon dus. Wordt uit hun vereniging Afrodite, de aardse liefde (dood)geboren, zoals Claus dat elf jaar later in *Omtrent Deedee* zal laten gebeuren in de charade van Jeanne (de oud geworden Lou?) en Claude (de ontspoorde, aan de drugs geraakte, homoseksuele Philip?)? Vast staat dat Lou ongrijpbaar is, een raadsel, door "haar gladde eenzelvigheid" ondoorgrondelijk. Het hoofdstuk eindigt met de machteloosheid van de verscheurde, hunkerende en eeuwig onbevredigde Philip: "Een vlucht meeuwen om haar. Als om een stuk brood of om een vis."

Ook in het gedicht komt een meeuw voor. Onontkoombaar duikt hij op "de schalen van haar borst". Claes vat dit duiken op als dreigend. Philips meeuwen staan een gespletener duiding toe. Kunnen we uitsluiten dat twee regels hoger "licht" niet alleen tegenover donker staat, maar ook tegenover zwaar? "Alleen is licht" wijst dan op de lichtheid van het alleen zijn. De zoon van Los, de dichter (Claus) heeft, net als Lou en Philip, het beklemmend huis verlaten. De natuur is zijn lichte tent. Het land zwelt, de zee groeit. Hij ligt in de duinpan, zijn schelp. Claes leest een zich terugtrekken in zijn schulp, ik lees de schelp ook als een kosmisch bed. Het "klemwoord" beklemtoont dan, behalve de beklemming, ook de vrijheid, zoals elders bij Claus, bij de Vijftigers, bij Cobra de tralies niet alleen die van de gevangenis zijn, maar evenzeer die van een artistieke uitvalsbasis.

Enkele van Claus' menselijkste personages mogen dan al geen andere weg uit de kooi zien dan de zelfmoord (Andrea in *Een bruid in de morgen*; Claude in *Omtrent Deedee*), de tekst waarin dit gebeurt overleeft hen als de registratie van hun gekooide lied. Vrij is de zanger/ de vink niet, hij is opgesloten, wellicht zelfs blindgemaakt. Toch: "De zanger is zijn lied" ("De zanger" uit *De Oostakkerse gedichten*). Andrea noemt zichzelf "een geslagen moe pantertje" (een los?), "niet getemd, maar het zit achter tralies". Claus is iemand die, in het goede gezelschap van de Boon uit *De kleine Eva uit de Kromme Bijlstraat*, "de vogels liefheeft die achter tralies fluiten". In "Het klemwoord: huis" 1 is hij de zoon van Los, de dierlijke, aardse dichter die zich losmaakt van de karavaan (de reizende handelaren), de schuur en het vooronder (de kooplui) en het koren (de volwassen maaier). Hij wil opgaan in de kosmos. Maar ook als hij opstijgt als een meeuw is de kosmos niets anders dan een uitvergrote duinpan, dan Gaia, dan moeder de vrouw. Hij kan slechts boven zichzelf uitstijgen door te landen op de omgekeerde duinpan, schelp: de schalen van haar borst. Zij, Lou/ de naamloze geliefde, is goddelijk én aards, uitdaging én bedreiging. Haar buik is in de roman een "dubbelheuvel", in het gedicht een roestberg. Haar lippen daar vochtig en warm, hier vurig en besmet met roodvonk. Daar staat haar bos in vlammen, hier is het een brandend braambos. Het uitdagende en het bedreigende zijn in haar, in het huis, in elk woord, onontwarbaar vervlochten.

Van œuvre naar andere kunstvormen

De vraag naar de verhouding tussen Claus' literaire werk en zijn verdere kunstuitingen is nog maar zelden gesteld. Stilzwijgend gaat men er veelal vanuit dat de veer van de literaire grootmeester niet altijd gespannen kan staan. Dan speelt hij met verf of camera. Een dergelijke zienswijze gaat voorbij aan Claus' breuk met de traditionele esthetica. In zijn literatuur- en kunstopvatting vervaagt de grens tussen hoge en lage literatuur, tussen de genres en tussen de kunstvormen. Claus speelt ook met woorden en teksten. En hij vat zijn plastisch en filmisch werk niet minder (of niet meer) ernstig op dan zijn geschriften. Hetgeen natuurlijk niet een vergelijkbare kwaliteit garandeert. Kortom: er is nog veel onderzoek te doen.

Een fundament voor dit onderzoek is gelegd door Freddy de Vree die, vooral met zijn overzicht van Claus' *Beeldend werk 1950-1990* (1991), de rijke verscheidenheid aan vormen en thema's in Claus' schilderijen, tekeningen, gouaches, lichtdrukken enz. heeft laten zien. Aan Claus als librettist, scenarioschrijver en cineast is tot op heden nog minder aandacht besteed. Vooralsnog heeft De Vree weinigen ervan kunnen overtuigen dat Claus als plastisch kunstenaar echt belangrijk is.

Toch is een grondige verkenning van Claus' nevenactiviteiten, ook als die minder indrukwekkende resultaten hebben opgeleverd dan zijn literaire activiteiten, op zijn minst in twee opzichten waardevol voor de Clausstudie. Zoals de nog minder geslaagde "Nota's voor een Oostakkerse Cantate" het inzicht in zowel schrijfwijze als wereldbeeld van *De Oostakkerse gedichten* kunnen vergroten, zo ook kan het plastische en filmische werk die functie hebben voor Claus' literaire werk. De Cobra-kenmerken uit Claus' schilderijen (denk aan de lichamelijke omgang met de materie, de verf, of aan de ontdekking van de niet-rationele spontaneïteit van kinderen en primitieven) kunnen licht werpen op zijn poëzie die in de Cobra-sfeer ontstond (zie bijvoorbeeld "De ingewijde"). Wellicht nog belangrijker is het onderzoek van Claus' overige werk voor het inzicht in zijn globale ontwikkeling. Veranderende opvattingen over de aard en de functie van literatuur leidden tot verschuivingen binnen de literaire genres (toneel komt centraal te staan en schuift weer op naar de periferie), maar ook tot toenemende of afnemende voorkeur voor andere kunstvormen (omstreeks 1970 belangstelling voor totaalkunstwerken als de opera; een tijdlang fascinatie voor de film; sinds jaren opnieuw uitgesproken voorkeur voor de roman).

In zijn artikel "De a-cobra-tiek van Hugo Claus, schilder-schrijver" (*NVT*, juli-augustus 1981) heeft Georges Wildemeersch op beide terreinen een voorbeeldige proefvlucht ondernomen. Hij verkent Claus' toenadering tot en verwijdering van Cobra en vooral de verhouding tussen de schilder Claus en de schrijver Claus. Ik moet me hier beperken tot een enkele door de lectuur van Wildemeersch opgeroepen hypothese. Het lijkt erop dat Claus in zijn "Cobra-tijd" op zijn minst soms speelser en zelfs blijer en ongeremder, misschien zelfs postmoderner, schilderde dan in zijn min of meer *gelijktijdig* tot stand gekomen literaire werk.

Claus: een eigenzinnige vis in de literaire stromingen

Al eind jaren veertig brak Claus met de traditionele schrijfwijze en het gevestigde wereldbeeld. In de bundel *Dromen en geruchten* (1997) benadrukt Joosten de tegenstelling tussen enerzijds de priesters Deedee (*Omtrent Deedee*) en Lamantijn (*De geruchten*), als vertegenwoordigers van de absolute, de ideologische Waarheid en anderzijds Claus zelf die afscheid heeft genomen van de Waarheid. Er is slechts een sóórt waarheid, er zijn slechts geruchten. Blijft ook voor Joosten de vraag wat er nu eigenlijk in Claus' werk zelf gezegd wordt. In de vermelde bundel wijst Gerard Raat op de tegenstelling tussen de christelijke en de paganistische cultuursfeer die in *De geruchten* op vele plaatsen aan het licht komt, maar ook op de kinderen en geestelijk achtergeblevenen die in dit en vorige boeken boeten voor de zonden van de anderen. Zelf heb ik in het artikel "Geen klein gerucht" (*De Gids*, november-december 1997) opgemerkt dat de lezer die *De geruchten* opvat als een traditionele roman, ontdekt dat Claus, hoeveel twijfel hij ook zaait, er geen twijfel over laat bestaan dat de mens een rol speelt, over lijken gaat, beul en slachtoffer is: "Onmiskenbaar gelooft Claus zelfs in de eeuwige mens, eeuwig dolend, eeuwig misleid en misleidend, eeuwig verlangend." (p. 920).

Andere lezingen van Claus' werk, ook van *De geruchten* of van de hiervoor en hierna besproken gedichten, brengen Claus' literatuuropvatting dichter in de buurt van het modernisme, maar evenzeer van het postmodernisme.

Als, schrijft Wildemeersch, "de ondoorgrondelijke Sfinx, die slechts in raadsels spreekt", bevestigt Claus in elk werk "de fundamentele waarheid dat de mens onvrij is" (1997, p. 119). De kunstenaar, kunnen we daaraan toevoegen, die zich ervan bewust is dat de samenleving en nog fundamenteler het bestaan hem gevangen zet, kan de kooi inrichten als een werk- en vrijplaats. Adorno gaf deze kunstenaar de eretitel "stadhouder van de vrijheid". Claus zelf noemde hem onder meer "de ingewijde". De ingewijde openbaart. De geheimschrijver verraadt (in de betekenis van: laat kennen) zijn medemensen. Hij is al in het begin van de jaren vijftig de kwaal die de ziekteverwekkers verraadt. Claus zal niet ophouden varianten te bedenken op dit grondthema. De ontspoorde Claude, die Nathalies "hartkwaal" is, openbaart de ziekte van de familie Heylen en van hun stiefgod Deedee. Louis Seynaeve *is* het "verdriet van België", omdat hij het kind is wiens kwalen "en kwalen alleen openbaren/ Wat in het vel der ouders is gekanteld". De overeenkomsten van Claus' literatuuropvatting met de modernistische zijn talrijk, zowel pragmatisch (aard en functie van kunst: een anti-ideologische, allerbelangrijkste vervanging van de religie), syntactisch (de associatieve, irrationele schrijfwijze), als semantisch (het subjectieve wereldbeeld).

Weisgerber heeft al in het begin van de jaren zeventig de basis gelegd voor de situering van Claus in de modernistische kunstleer. Met een voor die periode kenmerkende durf, borstelde hij in *Hugo Claus. Experiment en traditie* (1970) de tegenstelling tussen de traditionele en de modernistische kunst- en literatuuropvattingen. De kwast was toen nog erg grof: modernisme was synoniem voor het moderne, de avant-garde, het experimentalisme. De eerste toepassing op Claus' ontwikkeling was uitdagend, maar bleef steken in een vage vogelvlucht: Claus' debuut vertoont existentialistische trekken, van 1949 tot 1954 wordt hij experimenteel, daarna hangt hij tussen experiment en traditie (1955-1962) en wat er daarna met "Bewerkingen en citatenkunst" aan de hand is, blijft bij Weisgerber erg vaag.

Sinds 1970 heeft, ook in Nederland en Vlaanderen, de theorievorming inzake kunst- en literatuuropvattingen, periode-codes en in het bijzonder die van het modernisme en het postmodernisme, een centrale plaats verworven in de literatuurwetenschap. (Overigens heeft Weisgerber daar zelf een belangrijke bijdrage aan geleverd, die echter, voor zover ik weet, niet systematisch toegepast werd op het œuvre van Claus.) Al is er geenszins consensus bereikt, toch is het thans mogelijk te komen tot een voorlopige, benaderende omschrijving van de essentiële kenmerken van de modernistische en postmoderne literatuur en tot een aansluitende verkenning en situering van Claus' werk. Het gaat er dan niet om dat keurig onder te brengen in één literaire stroming. Claus mag dan al gekooid zijn, hij huist achtereenvolgens en simultaan in sterk verschillende kooien waarvan een aantal meer dan één ingang hebben. Zo meen ik vastgesteld te hebben dat *De geruchten* zowel traditionele als modernistische als postmoderne kenmerken vertoont. Claus is niet op te sluiten in één literaire periode-code en juist dat inzicht is een goed uitgangspunt voor een bepaling van zijn plaats in de twintigste-eeuwse Nederlandse en internationale literatuur.

Tekst en biografische context

In een recent radiogesprek (VRT, Radio 1, 20 december 1998) legde Claus nog maar eens de vinger op de complexe verhouding tussen (zijn) leven en werk. Hij bekende dat hij nu mondeling "heel zwakjes" vertelde over zijn ouders en grootouders wat hij in *Het verdriet van België* zo veel beter had opgeschreven. Zijn ervaringen als gigolo noemde hij een "goede basis om te fabuleren en het later in literatuur om te zetten".

Hugo Claus is een schrijver die zijn levens- en leeservaringen transformeert tot een verbeelde werkelijkheid die, alhoewel in ontwikkeling en gefragmenteerd, al een halve eeuw herkenbaar is. Claus maakt het de biograaf makkelijk, zo lijkt het. En inderdaad: de aan Claus gewijde monografieën en De Roeys boek over de "poreuze man van steen" (1964), hebben zoveel in de aanbieding dat ze gretig gelezen en gemakzuchtig doorverteld worden. Blijft de vraag naar de betrouwbaarheid, zelfs van de hardnekkigste en vaak door de auteur zelf aangedragen, anekdoten.

Claus' nonnen zijn van *De hondsdagen* tot *Het verdriet van België* dé verbeelde belichaming geworden van de onderdrukte lichamelijkheid. Dat Claus' waarheid gelogen is, vormt daarbij geen probleem: de literaire transformatie openbaart "het algemene". De biograaf echter zit wel met de handen in het haar: Claus is ook buiten zijn geschriften een "beroepsleugenaar". Dat hij erkent de terreur van de nonnen flink aangedikt te hebben, is voor de biograaf een zinvolle waarschuwing, maar biedt hem geen houvast. De herinneringen die Claus opdist in vraaggesprekken zijn, net als de literaire verbeelding ervan, een constructie. Feitelijkheid en verdichting zijn, vermoedelijk ook voor Claus zelf, vervlochten en versmolten.

Toch dient het schrijven van een eerste en gedurfde wetenschappelijke biografie mijns inziens een hoge prioriteit te krijgen in de Clausstudie. Het merendeel van de getuigen heeft een gezegende ouderdom bereikt. Belangrijker is dat een degelijke biografie de levensfasen in diverse milieus, waaruit Claus' wereldbeeld zowel als zijn literatuuropvatting voortgekomen is, in kaart brengt.

Op 30 maart 1952 schreef Vinkenoog in een ongepubliceerde brief aan Claus dat hij *De hondsdagen* de beste Nederlandstalige roman van de laatste tien, twintig jaren vond. Hij herkent er iets van Beckett in, iets van Artaud en Faulkner, maar die invloed neemt niet weg dat de vorm zeer origineel is, "uiteraard omdat het autobiografisch is". Vinkenoog leest Philips' zoektocht naar Beatrice (zo heette Bea nog in het manuscript) als een "jacht op zichzelf" die begint met Claus' kostschoolherinneringen, vervolgens Claus uitbeeldt als gekweld "monster van perversie" en uitloopt in de "valse orde".

Vinkenoog noemt Sartre, met wie Claus toch nadrukkelijk in debat gaat, niet (overigens ook niet Dante, toch ook een vaker op bezoek komende intertekstuele relatie van Claus). Niettemin bevestigen Vinkenoogs persoonlijke aantekeningen het belang van een biografische optiek. Vinkenoog suggereert, niet op valse gronden, dat Claus' kijk op literatuur en werkelijkheid tot stand is gekomen uit zijn persoonlijk (liefdes)leven en uit de daarop aansluitende (lees)ontmoetingen met de surrealistische en existentialistische schrijvers. Hij waarschuwt Claus zelfs: het "autobiografisch karakter gaat het publiek parten spelen, jou ook". Vinkenoog onderkent het gevaar: het publiek (en de dienstdoende biograaf) ziet slechts de smeuïge anekdoten, verliest de literaire transformatie uit het oog. Terwijl het leven van Claus voor de lezer slechts interessant is als vindplaats van de grondstoffen voor Claus' literaire brouwsels. De Clausbiografie waar de lezer recht op heeft is de geschiedenis van een levenslang transformatieproces. Deze geschiedenis heeft aandacht voor de (psychologische) eigenschappen en voor de (sociologische) culturele en sociale situatie die Claus' selectie en vormgeving hebben bepaald.

Tekst en werkelijkheid

Elke literaire tekst of stroming kan worden gezien als een reactie op de eigen tijd. Hij komt eruit voort en dient die van antwoord. Claus' veelkantige, tegenstrijdige, meerzinnige antwoord verwijst door naar de vraagtekens die zijn pen plaatst bij zijn persoonlijke leven en bij dat van de mens na W.O. II. Om die reden is een benaderingswijze die geen genoegen neemt met de tekst als autonoom fenomeen of als een schakel van een intertekstuele ketting, zowel van belang voor een goed begrip van het literaire antwoord zelf als voor een scherp inzicht in de betekenis van de tekst voor het schrijvende of lezende individu en ruimer voor de samenleving. De literatuurpsychologische/ psychoanalytische invalshoek is veelvuldig, van Govaart (1962) via Weisgerber (1963, 1970…) tot Claes (1984), toegepast op concrete teksten, zoals naar voren treedt uit de inventarisatie van de Clausstudie per genre. Op het literatuur-sociologische niveau is er na Weisgerbers eerste aanzetten weinig vooruitgang geboekt. Weisgerber heeft Claus' modernisme heel globaal gesitueerd als een reflectie van het moderne denken en van de moderne tijd. Dupuis van zijn kant lijkt veeleer te denken in termen van de controle-theorie: hij stelde de vraag voorop naar de bijdrage van Claus' œuvre aan de menselijke geschiedenis. In zijn inleiding uit 1976 beperkte hij zich echter tot één grote, als recht-lijnig gepresenteerde, ontwikkelingslijn: van de experimentele dichter die zich afzonderde van de samenleving naar de toneel-schrijver die zijn toenemend begaan zijn met het algemeen mense-lijke, die zijn "eigen luciditeit en opstandigheid", opdringt aan het publiek.

Ruim twintig jaar later lijkt die ontwikkelingsgang zich niet bepaald doorgezet te hebben. Claus' verdere evolutie treedt veel meer aan het licht in zijn romans dan in zijn toneelstukken en er valt geen verder toenemende betrokkenheid bij de geschiedenis in te ontdekken. Integendeel: in Claus' latere werk vinden we veeleer, ook in de relatie tot de eigentijdse werkelijkheid, de explicieter wordende ambivalentie terug, die Wildemeersch (1997) blootge-legd heeft in de ontwikkeling van Claus' poëzie. Claus' latere werk laat een wisselende, maar altijd complexe, dubbelzinnige verhou-ding zien tussen distantiëring en betrokkenheid.

Sinds Dupuis is men zelden verder gekomen dan intuïtieve ver-banden tussen een tekst van Claus en bepaalde Vlaamse toestanden of tot losse verbindingen van personages en hun gedragingen met historische figuren en gebeurtenissen. Misschien nog het verst kwam Duytschaever (1979) die De verwondering onder meer las als, voornamelijk anti-kerkelijke, cultuurkritiek. Zelf heb ik een bescheiden poging ondernomen om een paar teksten van Claus te verbinden met "de oorlogsjeugd" (i.c. De Metsiers in Literatuur, maart-april 1994)) en met "de lof der onaangepastheid" in de jaren zestig (i.c. Omtrent Deedee in Het teken van de ram 1 (1994)).

Werk aan de winkel dus. Ook als we erkennen dat Claus niet is blijven steken in de wereld van vóór de consumptiemaatschap-pij, is het voor een goed begrip van zijn literatuuropvatting en wereldbeeld noodzakelijk te onderkennen dat die oorspronkelijk voortgekomen zijn uit de vooroorlogse crisis, de wereldoorlog en het begin van de koude oorlog. Die wereld, door Claus omgezet in een verbeeld universum, is voor een groot gedeelte sinds de jaren zestig verdwenen. Waardoor de literatuursociologische optiek voor een goed begrip van de functie van Claus' teksten toen én nu noodzakelijk is geworden.

De literatuursociologische invalshoek is niet alleen van betekenis voor het inzicht in de potentiële en reële functie van Claus' werk, een sociologische lezing kan, in een confrontatie met autonome, intertekstuele en psychologische lezingen, het inzicht in de tekst zelf vergroten. Kennis van de maatschappelijke discussie over "de lof der onaangepastheid" of over "de dienende Kerk" in de jaren zestig, werpt licht op de personages Claude en Deedee. Zoals Weverberghs – weliswaar te snelle, maar niettemin aan het denken zettende – interpretatie van *Omtrent Deedee* als een anti-mis dat deed (1963). Het sociologisch paradigma kan – gelukkig maar – de raadselachtigheid van "De ingewijde" niet oplossen. Wellicht wel verhelderen. Oostakker was, behalve het Vlaamse Lourdes, een nationaal executie-oord. Ook voor de Duitsers tijdens W.O. II. En daarna werd dat het eerste Europees Verzetsheiligdom. Claus brak niet alleen met het katholicisme, maar ook met het collaborerende flamingantisme van zijn familie. Zijn verhouding met beide bleef ambigu. Zitten er in "Het gedicht" (later drastisch gecomprimeerd tot het motto van *De Oostakkerse gedichten*), het slot van de "Nota's voor een Oostakkerse Cantate", transposities van dat heilige oord? Bijvoorbeeld de "prikkeldraad", de "honderd en drie nachten ellende naar het / Spoor, / De scherf in de zandbaan waarin de naakte voeten gaan." En in "De ingewijde" zelf? De "ijzeren dooi". Een dooi is ook een dood spoor. Of een extreem harde, ijzige dooi? De koude oorlog? Meer houvast biedt het "gericht van steen". In samenhang met de op zijn kop gezette ingewijde en de lichamelijke (anti-)mystiek, lijkt het gericht te verwijzen naar het laatste gericht, het laatste oordeel, de Apocalyps. De "Onnoembare" uit de Openbaring van Johannes wordt veraardst tot de negerin die schreeuwt in een taal niet te noemen. In den beginne was het

Woord, wordt in het hiervoor genoemde motto omgezet tot "Woorden [...] worden sleutels". Verraadt Claus als de nieuwe geheimschrijver in een lichamelijke orakeltaal de aardse apocalyps, de menselijke ellende/ kwaal, geopenbaard door W.O. II?

Lang leve de nieuwe Clauslezer

Toen *De Oostakkerse gedichten* verschenen, begreep de *Tijd en Mens*-generatie misschien niet elke metafoor, maar wel de explosieve lading van de bundel: de breuk met de banale verwoording van de leugenachtige realiteit en de keuze voor een nieuwe taal die de problematische, raadselachtige mens moest openbaren. Ook de lezer wist zich een ingewijde. Sinds de doorbraak van de "postmoderne" wereld is een herkennende, conspirerende lectuur achterhaald. Recentere Clausteksten nodigen uit tot een meerdimensionele lezing waarin diverse schrijfwijzen en wereldbeelden met elkaar geconfronteerd worden. Maar ook Claus' vroegere, modernistische teksten kunnen niet meer op de oude wijze gelezen worden. Voor de nieuwe generaties is de oude wereld en Claus' hoogmoedige reactie erop als modernistische, ingewijde dichter, bevreemdend. Bijna even vreemd als de literaire wereld in niet-westerse landen of als die van de historische letterkunde. De lezer gaat op ontdekkingstocht in een vergane wereld, naar een schrijfwijze en een werkelijkheidsvisie die geschiedenis zijn geworden. Hetgeen niet betekent irrelevant. Enerzijds zit er veel behoud en herhaling in de geschiedenis, ook in die van de schrijfwijzen en wereldbeelden. Anderzijds biedt het verleden de gelegenheid tot confrontatie met eigentijdser, maar niet minder vergankelijke, literaire antwoorden.

Op dit terrein ligt er voor de Clausstudie alweer een nagenoeg braakliggend onderzoeksveld. Het verrichte lezersonderzoek reikt niet verder dan de receptie door critici van enkele afzonderlijke literaire werken. Wel is op het theoretisch niveau het inzicht doorgebroken dat het literaire oordeel mede berust op de aangekleefde literatuuropvatting, getuige artikelen uit 1997 van Raat en mijzelf over *De geruchten*. De tijd lijkt rijp voor een grondiger en omvattender lezersonderzoek, waarin de aandacht voor de betekenistoekenning en de gebruikswaarde centraal staat. Een eerste stap op die weg zou kunnen zijn een studie van de Clauskritiek, gerelateerd aan de zich ontwikkelende (literatuur)opvattingen van de critici en hun bladen. Daarnaast biedt de verschuiving binnen de literatuurwetenschap van het canononderzoek van de periferie naar het centrum, goede uitgangspunten voor het bestuderen van het komen en gaan van Claus in diverse literaire canons (literatuurgeschiedenissen, schoolboeken, bloemlezingen in Nederland en Vlaanderen).

De conclusie zou kunnen zijn dat de Clausstudie op het tekstexterne niveau en op dat van de relatie tussen tekst en context, nog niet veel verder is gekomen dan het schetsen van een onderzoekskader en het formuleren van hypothesen, gebaseerd op een intuïtieve generalisering van een beperkt aantal, voornamelijk essayistische, benaderingen van facetten van Claus' leven en werk. Het werk van Claus – met Boon, ook internationaal, onze belangrijkste moderne schrijver – verdient het in het komend decennium een speerpunt van het literatuuronderzoek te worden. Uit de voorafgaande terreinverkenning mag blijken dat naar ons inzicht en op ons terrein, de eerste prioriteit toegekend dient te worden aan een wetenschappelijke biografie waarin de nadruk ligt op Claus als schrijver, als schepper van een verbeeld universum dat opgevat wordt als transpositie van zijn persoonlijke en maatschappelijke werkelijkheid. Een tweede prioriteit kan gegeven worden aan het lezersonderzoek, in het bijzonder de literaire kritiek en de plaats van Claus' werk in de canons. Een derde prioriteit lijkt weggelegd voor een literatuursociologische benadering die Claus' teksten bestudeert als een persoonlijke en transformerende, literaire reactie op een continu veranderende samenleving.

De Clausstudie: enkele gegevens

1962

Theo Govaart, "Hugo Claus – de krakende makelaar" in: Theo Govaart, *Het geclausuleerde beest*, Paul Brand, "Tweelicht" deel V, Hilversum-Antwerpen, 1962, pp. 129-224 (een vooral psychologische studie over het vroege werk)

1963

Jean Weisgerber, "De poëzie van Hugo Claus", in: *Tijdschrift van de Vrije Universiteit van Brussel*, jrg. 5, nr. 2, 1962-1963, pp. 105-130

Jean Weisgerber, "Hugo Claus: De zwarte keizer (1958)", in: Jean Weisgerber, *Formes et domaines du roman flamand 1927-1960*, La Renaissance du Livre, Bruxelles, 1963, pp. 261-277 (algemeen beeld; over de verhalenbundel *De zwarte keizer*; werd in 1964 in het Nederlands uitgegeven door Polak & Van Gennep onder de titel *Aspecten van de Vlaamse roman 1927-1960*)

Weverbergh, "De petroleumlamp en de mot: ik ontleed *Omtrent Deedee*", in: *Bok*, jrg. 1, nr. 3, oktober 1963, 98 p.

1964

Jan de Roek, "Naamgeving en beeldspraak in de poëzie van Hugo Claus", in: *Dialoog*, jrg. 4, nr. 4, zomer 1964, pp. 213-264 en jrg. 5, nr. 2, winter 1964-1965, pp. 92-121 (poëticale en technische analyse vooral van de bundel *Een geverfde ruiter*)

Johan de Roey, *Hugo Claus. Een poreuze man van steen*, Lannoo, "Idolen en symbolen" 20, Tielt-Den Haag, 1964, 237 p. (over leven en levensbeschouwing)

Jean Weisgerber, "Hugo Claus, de malcontent. Beschouwingen over *Het teken van de hamster*", in: *Socialistische Standpunten*, jrg. 11, nr. 1, 1964, pp. 62-75

1965
H.U. Jessurun d'Oliveira, "Hugo Claus", in: H.U. Jessurun d'Oliveira, *Scheppen riep hij gaat van Au*, Polak & Van Gennep, "Kartons", Amsterdam, 1965, pp. 120-148 (interview over het métier)

1967
Jean Weisgerber, "Proefvlucht in de literaire ruimte (2): *De verwondering*", in: *Nieuw Vlaams Tijdschrift*, jrg. 20, nr. 1, januari 1967, pp. 60-78

Jean Weisgerber, "Hugo Claus: Devotissimus et doctissimus doctor", in: K. Fens e.a. (red.), *Literair Lustrum. Een overzicht van vijf jaar Nederlandse literatuur 1961-1966*, Polak & Van Gennep, Amsterdam, 1967, pp. 119-140 (intertekstuele analyse van de roman *De verwondering*)

Carlos Tindemans, "Hugo Claus' ethisch engagement", in: *Streven*, jrg. 20, nr. 6, maart 1967, pp. 595-603 (over het toneelwerk)

1968
J.J. Wesselo, "De structuur van *De hondsdagen*", in: *Nieuw Vlaams Tijdschrift*, jrg. 21, nr. 7, september 1968, pp. 701-739

1970
Jean Weisgerber, *Hugo Claus. Experiment en traditie*, A.W. Sijthoff, "Literaire Verkenningen", Leiden, 1970, 148 p. (bloemlezing met inleiding over modernisme, literaire ontwikkeling en mensbeeld)

1971
Jacques de Decker, *Over Claus' toneel*, De Galge, "Galgeboekje" 52, Antwerpen, 1971, 149 p.

Dirk de Witte, "Het land der blinden", in: *Nieuw Vlaams Tijdschrift*, jrg. 24, nr. 10, december 1971, pp. 990-1022 (over "fouten" in het prozawerk)

1972

Paul Claes, *"Schaamte* van Hugo Claus", in: *Streven*, jrg. 25, nr. 9, juni 1972, pp. 885-892

1973

Georges Wildemeersch, *Hugo Claus of Oedipus in het paradijs*, J. Sonneville-Nijgh en van Ditmar, "Triagnose van een mythe: deel 2", Brugge-'s-Gravenhage, 1973, 323 p. (over de poëzie tot 1965 met zijdelingse belichting van de andere activiteiten)

Bert Kooijman, *Hugo Claus*, Orion-Desclée de Brouwer, "Ontmoetingen" 106, (Brugge), 1973, 71 p. (beschouwing over leven en werk met bibliografie; in 1976 en 1984 verschenen uitgebreide herdrukken)

1974

Georges Wildemeersch, "Hugo Claus en de dode geliefde", in: *Ons Erfdeel*, jrg. 17, nr. 5, november-december 1974, pp. 661-669 (biografische belichting van een thema in het vroege werk)

1975

Hugo Brems, "Hugo Claus en zijn temmer", in: *Spiegel der Letteren*, jrg. 17, nr. 2, 1975, pp. 113-127 (over de dominante thematiek in de vroege poëzie)

1976

Michel Dupuis, *Hugo Claus*, De Nederlandsche Boekhandel, "Monografieën over Vlaamse Letterkunde" 56, Antwerpen-Amsterdam, 1976, 47 p.

Freddy de Vree (red.), *Hugo Claus. Biografische, Bibliografische, Beschouwelijke, Documentaire gegevens*, Manteau, "Profielreeks", Brussel, 1976, 55 p. exclusief fotobijlage (behalve een verzameling kritische fragmenten en enkele interviews bevat het boekje ook een herdruk van uitvoeriger beschouwingen van Louis Paul Boon, Paul Claes, K.L. Poll, Theo Govaart en Carlos Tindemans)

De Vlaamse Gids, jrg. 63, nr. 3, 1979, pp. 1-71 (speciaal Claus-nummer met bijdragen van Willem M. Roggeman, Joris Duytschaever, Paul Claes en Hugo Brems)

1978
Paul Claes, "Tekst en intertekst in 'Marsua' van Hugo Claus", in: *Spiegel der Letteren*, jrg. 20, nr. 2, 1978, pp. 100-115

1979
Joris Duytschaever, *Over De verwondering van Hugo Claus*, Wetenschappelijke Uitgeverij, "Synthese", Amsterdam, 1979, 113 p.

1980
G.F.H. Raat, *Over De hondsdagen van Hugo Claus*, Weten-schappelijke Uitgeverij, "Synthese", Amsterdam, 1980, 99 p.

Tijdschrift van de Vrije Universiteit Brussel, jrg. 21, nr. 1, 1980 (bevat bijdragen van Georges Wildemeersch, Dina Van Berlaer-Hellemans en Guy Segers), pp. 108-207

1981
Paul Claes, *De mot zit in de mythe. Antieke intertextualiteit in het werk van Hugo Claus*, Leuven, (Eigen Beheer), 1981, 268 p. (proefschrift)

J.F.P. de Smit, *Symboliek in moderne poëzie. Een proeve van theo-rie en beschrijving*, Huis aan de Drie Grachten, Amsterdam, 1981, 205 p. (proefschrift; weinig steekhoudende symbolenduiding in de cyclus "Een vrouw" uit *De Oostakkerse gedichten*)

1984
Paul Claes, *De mot zit in de mythe. Hugo Claus en de oudheid*, De Bezige Bij, "Leven & Letteren", Amsterdam, 1984, 359 p. (bewerkte handelseditie van het proefschrift uit 1981)

Paul Claes, *Claus-reading*, Manteau, "Essayreeks", Antwerpen, 1984, 178 p. (met algemene opstellen en analyses van poëzie en proza)

Freddy de Vree, *Hugo Claus*, Educaboek Culemborg, "Literaire leerbundels, literaire leesbundels", Amsterdam, 1984, 63 p. (biografisch en algemeen)

Bzzlletin, jrg. 12, nr. 113, februari 1984, pp. 1-76 (speciaal Clausnummer met bijdragen van Freddy de Vree, Gerard Raat, Rudi van der Paardt, Willem van Toorn, Rob Schouten, Wiel Kusters en Graa Boomsma, afgesloten met een bibliografie van Claus' werken)

Hans Dütting (red.), *Over Hugo Claus. Via bestaande modellen. Beschouwingen over het werk van Hugo Claus*, Hadewijch/de Prom, Schoten/Baarn, 1984, 268 p. (herdruk van een reeks recensies en kritieken (o.m. van Maurice Roelants, Simon Vestdijk, Jan Walravens, Paul Rodenko, J.H.W. Veenstra, G. Spruyt, Georges Wildemeersch, Wam de Moor, Pierre H. Dubois, Rein Bloem, Jaap Goedegebuure, Pol Hoste, Wim Hazeu en Cyrille Offermans), en van artikelen en essays (o.m. van Julien Weverbergh, Carlos Tindemans, Jean Weisgerber, R. Pierloot, Hans van den Bergh en Paul Claes, afgesloten met een lijst recensies en interviews)

Dirk de Geest, "Het Jansenisme of: Hugo Claus van horen zeggen", in: *Spiegel der Letteren*, jrg. 26, nr. 1-2, 1984, pp. 36-72 (intertekstuele analyse van de cyclus "Het Jansenisme" uit de bundel *De wangebeden*)

Georges Wildemeersch, *De snelschrijver onder de linde. Een interpreterend onderzoek van de relatie tussen mens, natuur en bovennatuur in Hugo Claus' Oostakkerse gedichten*, UIA, Wilrijk, 1984, 291 p. (proefschrift)

1985
Graa Boomsma, *Hugo Claus. Het verdriet van België*, Walva-Boek/Van Walraven, "Memoreeks", Apeldoorn, 1985, 48 p. (analyse)

Schalk Willem van Zuydam, *Die inisiasiemotief in die poësie van Hugo Claus. 'n Studie van die reeks "De Ingewijde" van De Oostakkerse Gedichten*, Universiteit van die Witwatersrand, Johannesburg, 1985, 242 p. (proefschrift)

1986

G. Verschooten, *Hugo Claus kinematografisch of de avonturen van een illustere Belgman in kameraland*, Fantasy Film, z.p., 1986, 32 p. (over het filmwerk)

Dirk de Geest, *Onbewoonbare huizen zijn de woorden. Notities rond een gedicht van Hugo Claus uit "paal en perk"*, KUL, Leuven, 1986, 464 p. (proefschrift; werd in 1989 uitgegeven door de Universitaire Pers Leuven)

1987

Paul Claes, *Claus quadrifrons. Vier gezichten van een dichter*, Dimensie, "Leidse Opstellen" 6, Leiden, 1987, 53 pp. (over de poëzie)

Pi. Tijdschrift voor poëzie, jrg. 6, nr. 2, juni 1987 (bevat een uitvoerig aan Claus gewijd deel met bijdragen van Jean Weisgerber, Paul Claes, Dirk de Geest, Marcel Janssens en Marnix Vincent), pp. 32-94

Georges Wildemeersch, "Kitty, Toni, Katharina, Colombine, Kore, Maria en de anderen. Over Hugo Claus' roman *Het jaar van de kreeft*", in: *De Vlaamse Gids*, jrg. 71, nr. 5, september-oktober 1987, pp. 26-39 (intertekstuele analyse)

1990

De Vlaamse Gids, jrg. 74, nr. 2, maart-april 1990 (Nederland-Vlaanderen-nummer, gewijd aan Gerrit Kouwenaar en Hugo Claus, met bijdragen van Gerard Raat, Dirk de Geest en Carlos Tindemans), pp. 26-52

1991

[Daan Cartens en Freddy de Vree (red.)], *Het spiegelpaleis van Hugo Claus*, De Bezige Bij, Amsterdam, 1991, 93 p. (deels herdrukte, deels nieuwe beschouwingen (o.m. van Freddy de Vree, Herman de Coninck, Daan Cartens en Pjeroo Roobjee) en herinneringen (o.m. van Ton Lutz en Lily en Fons Rademakers), afgesloten met een bibliografie van Claus' werken)

[Freddy de Vree] *Hugo Claus. Beeldend werk 1950-1990*, Amersfoortse Culturele Raad, "Zonnehof-reeks" 3, Amersfoort, 1991, 71 p.

1992

Rudi van der Paardt en Freddy Decreus, *Dodelijke dikke wolken*, Dimensie, "Leidse Opstellen" 18, Leiden, 1992, 73 p. (over enkele Seneca-bewerkingen)

1994

Johan Thielemans, *Het Paard Begeerte. Aspecten van het toneel van Hugo Claus*, Theater Instituut Nederland, Amsterdam, 1994, 94 p.

Johan Decavele (red.), *Hugo Claus 65*, Stadsarchief-Museum Arnold Van der Haeghen-Poëziecentrum, Gent, 1994, 127 p. (met bijdragen van Jef van Gool, Dirk de Geest, Freddy de Vree, Jaak van Schoor, Freddy Decreus, Frans Heymans en Gert Jan Hemmink)

Het teken van de ram. Jaarboek voor de Clausstudie 1, Uitgeverij Kritak-De Bezige Bij, Leuven-Amsterdam, 1994, 252 p. (met bijdragen van Hugo Claus, Georges Wildemeersch, Gert Jan Hemmink, Dirk de Geest, Jos Joosten, Gerard Raat, Freddy de Vree, Paul Claes, Bert Vanheste, Kristel Marcoen en Patrick Peeters)

1995

[Gert Jan Hemmink] *Hugo Claus. Het grafische werk. Een eerste aanzet tot een œuvrecatalogus*, Uitgeverij AMO, Amstelveen, 1995, 43 p.

Dina en Jean Weisgerber, *Claus' geheimschrift. Een handleiding bij het lezen van Het verdriet van België*, VUBPRESS, Brussel, 1995, 132 p.

Bart Meuleman, "H. Claus - groothandel sinds 1952. Wat blijft er overeind?", in: *Etcetera*, jrg. 13, nr. 50, juni 1995, pp. 55-58

1996
Het teken van de ram. Jaarboek voor de Clausstudie 2, Uitgeverij Kritak-De Bezige Bij, Antwerpen-Amsterdam, 1996, 268 p. (met bijdragen van Hugo Claus, Georges Wildemeersch, Gert Jan Hemmink, Dirk de Geest, Jos Joosten, Gerard Raat en Freddy de Vree)

1997
Jos Joosten en Jos Muyres (red.), *Dromen en geruchten. Opstellen over Boon en Claus*, Uitgeverij VANTILT, Nijmegen, 1997, pp. 113-179 (met bijdragen van Georges Wildemeersch, Jos Joosten, Hedwig Speliers, Anja de Feijter en Gerard Raat)

1999
Het teken van de ram. Bijdragen tot de Clausstudie 3, Uitgeverij De Bezige Bij, Amsterdam-Antwerpen, 1999 (met bijdragen van Hugo Claus, Georges Wildemeersch, Gwennie Debergh, Gert Jan Hemmink, Luk Van den Dries en Gerard Raat)

Claus en de kritiek

Paul Claes

De reactie van Claus op de kritiek gelijkt op een Schotse dou-
che: afwisselend koud en warm. Als een interviewer hem om zijn
mening vraagt over de critici, is zijn standaardantwoord: "De
leeuw bekommert zich niet om de vlooien in zijn pels." Die hau-
taine houding verbergt ook bitterheid. In een interview met Marc
Reynebeau (*Knack*, 17 september 1980) verklaart hij: "Helaas
moet je er in ons land mee leven dat je geen respons zal krijgen. Je
schrijft tegen beter weten in, je schrijft niettegenstaande. Ik
beklaag me daar niet over. Ik constateer alleen maar."
De dubbelzinnigheid van deze houding is beter te begrijpen als
men zich ooit in de receptie van Claus' werk heeft verdiept.
Negentig procent van de recensies zijn ronduit afwijzend, vele zelfs
beledigend van toon. Als je niet wist dat Claus een zesvoudig
staatsprijswinnaar was, zou je uit deze krantenknipsels alleen kunnen afleiden dat sinds veertig jaar in Vlaanderen een ongelooflijke
kluns aan het werk is, wiens boeken en stukken tegen alle gezond
verstand in aldoor worden uitgegeven en opgevoerd. Merkwaardig
is het korte geheugen van de critici. Een stuk als *Vrijdag* dat door
hen de verdoemenis was ingeschreven, bestempelen zij enkele jaren
later als een meesterwerk, dat hoog optorent boven het belabberde
toneelstuk dat de schrijver nu weer heeft afgeleverd. Claus' lot is
dat van vele vernieuwende schrijvers. Telkens weer stuiten zij op
weerstand wanneer zij bepaalde literaire of morele conventies
doorbreken. Wanneer de vernieuwingen ingeburgerd zijn, vergeten
de critici dat zij er zich ooit tegen verzet hebben en klagen dat
Claus niet meer schrijft als vroeger. Zelfs de jury die *Het verdriet
van België* bekroonde, meende de auteur te moeten kapittelen door
er de aandacht op te vestigen dat zij de staatsprijs vooral aan het
eerste deel van de roman toekende en niet aan het tweede. In feite
is het eerste deel er maar om aan te tonen hoe een beginnend

Tekening van Jasse uit *De Morgen*, 12 maart 1983 n.a.v. *Het verdriet van Belgi*ë

schrijver zich uit een conventionele vertelwijze heeft moeten los-
werken om de experimentele totaaltekst te maken die wij in het
tweede deel lezen. Het getuigt dus van onbegrip om niet het vernieuwende maar het traditionele gedeelte van de roman toe te jui-
chen. Men kan een prijs krijgen om de verkeerde redenen.
Zo is de hele kritische receptie van Claus een opeenvolging van
misverstanden. De criticus van de *Standaard der Letteren*, Freddy
de Schutter, liet zijn negatieve kritiek van *Het verdriet van België*
voorafgaan door een navertelling van het sprookje over de nieuwe
kleren van de keizer en hij gaf zichzelf daarin de glansrol van het
jongetje dat ontdekt dat keizer Claus naakt is. Wat De Schutter
blijkbaar niet weet, is dat wat hij als een heldenrol beschouwt,
eigenlijk de houding is geweest van de meeste recensenten, sinds
Claus als "wonderkind" debuteerde met *De Metsiers*. Zij allen wilden aantonen dat ze zich niet lieten vangen aan de kritiekloze
bewondering waarvan Claus het object zou zijn.
Het eerste wat je van een criticus mag verwachten, is openheid
voor het nieuwe. In plaats van het werk met vooroordelen te ver-
duisteren moeten recensenten het met begrip tegemoet treden.
Negentiende-eeuwse criteria horen niet thuis in een twintigste-
eeuwse krant. Sommige critici lezen blijkbaar nooit moderne literatuur. De Schutter schrijft over *Het verdriet van België* als over
"een nauwelijks hanteerbare brok taalrijkdom waar de aktie voortdurend dreigt te verdrinken in een stortvloed van beelden en vergelijkingen." Iemand als De Schutter weet dus blijkbaar niet dat
het in een moderne roman niet noodzakelijk om "aktie" gaat (alsof
we daarvoor niet de thrillers op televisie hadden): heeft hij ooit
Kafka of Mann gelezen? Hij houdt ook niet van een "stortvloed
van beelden en vergelijkingen": waarop wacht hij om die andere
blote keizer, Proust, (om van Homeros nog maar te zwijgen) te
ontmaskeren? En "een nauwelijks hanteerbare brok taalrijkdom"
kan voor hem natuurlijk geen roman zijn: eindelijk worden
Rabelais en Joyce door een Vlaams criticus op hun plaats gezet!
De klaarblijkelijke onkunde van de dagbladkritiek is des te pijnlijker omdat de behandeling die Claus in literaire tijdschriften en in lite-
ratuurwetenschappelijke publicaties krijgt, van een behoorlijk peil is.

Tekening uit 't Pallieterke, 1970 (?) n.a.v. Claus' tweede "gemoderniseerde" theaterbewerking van Uilenspiegel (1965)

Claus over kritiek en critici

In het Nederlandse blad *De Linie* verscheen een bespreking over *Omtrent Deedee* van de hand van Kees Fens. [...] Hoe het komt [...] weet ik niet [...] maar in het artikel van Kees Fens kon men [...] lezen dat Deedee een lid was van de familie Heylen. En nu komt het leukste van het verhaal: in de ontelbare besprekingen die mij door mijn uitgever werden toegezonden, heb ik, nà het artikel van Fens, verschillende recensies ontvangen waarin deze fout werd herhaald. [...] Hoe wilt u dan [...] dat ik de Vlaamse pers in het algemeen en de literaire kritiek in het bijzonder au sérieux zou kunnen nemen? [*ABC*, 3 augustus 1963]

Heeft u zelf wat aan het werk van de talrijke exegeten die proberen uw œuvre uiteen te rafelen?
Daar heb ik niks meer aan. Vandaag komen ze aandragen met een kind waarmee je op 16-jarige leeftijd zou hebben gevrijd en morgen komt er iemand die zegt dat alles te verklaren is omdat Claus van spinazie hield. Maar ik vind er wel een krols genoegen in om dat allemaal aan te moedigen. [*De Standaard*, 28 juni 1976]

Nu pas heb ik ontdekt dat je niet moet schrijven òm die echo, je moet het niet doen om de eventuele weerklank, maar gewoon omdat je het zelf waardevol vindt, of noodzakelijk...en schrijven in de isolatie, onder de stolp. Daar moet je mee tevreden zijn. [*Haagse Post*, 15 oktober 1977]

Ik heb het moeilijk met de kritiek. Uiteraard, ik ben de man die het geschreven heeft. Het vreselijkste is als de critici gelijk hebben. Dan kan ik het helemaal niet verkroppen. Ik voel me dan machteloos en betrapt, dus woedend. [*Het Parool*, 31 december 1977]

Een goed criticus heeft een heel bijzonder talent. Hij kan je belangrijke dingen vertellen. Vooral als het over vakmanschap gaat. Maar daarnaast kan hij zó in een paar uurtjes een nieuw boek afbreken. Ikzelf weiger een kritiek te schrijven. Zomaar een persoonlijk oordeel geven over een tekst waar iemand uren aan heeft zitten werken. Nee. Meestal weet ik wel op voorhand hoe de kritiek op een nieuw boek zal zijn. Ik kan je zó de kritieken voorschrijven in de stijl van de verschillende bladen. Er zijn weinig critici die een duidelijk inzicht in een werk hebben. [*Elseviers Magazine*, 9 september 1978]

Redelijk beschouwd zou ik kritiek van me af moeten gooien. Maar ik ben een gevoelig en gespleten persoon, en dus ben ik er toch vatbaar voor. Het is vervelend en naar, als je toch gedurende een aantal maanden geprobeerd hebt..., en als zo'n flapdrol zijn persoonlijke voorkeur tot norm verheft. Dat is een doorlopend schandaal. [*Elseviers Magazine*, 9 september 1978]

De criticus moet voor ons leren onder woorden te brengen wat onze en wat zijn sensaties zijn, en hij moet dat kunnen situeren in een vast referentiekader. [...] Daarenboven moet de criticus niet alleen een erudiet zijn, maar moet hij ook in bepaalde stramienen leren denken die in ons land helaas niet zijn uitgewerkt. [*Humo*, 21 september 1978]

Hoe sta je tegenover slechte kritiek die in de pers verschijnt? Ben je er bang voor?
Waarom zou ik er bang voor zijn? Wie zijn die mensen die kritiek schrijven? Als ik een boek schrijf dan weet ik zo ongeveer waar het over gaat en wat die kritikus aanhaalt is iets dat ik dan al lang verworpen heb. [*Jet*, 12 december 1978]

Maar verder hou ik me niet bezig met de vraag of een scenario geen kunst zou zijn en een roman wel, of andersom. Over het algemeen houd ik me niet bezig met dat soort kategorieën, want daar heb ik personeel voor: universitairen, professoren, joernalisten...Ik produceer maar wat, en onder welk vakje dat valt moeten *zij* weten. Ik heb daar geen tijd voor en geen zin. [*Humo*, 11 december 1980]

Hoe vind je dat gevlooi van literatuurkritici die maar speuren welke
verwijzingen er allemaal in zitten?
Dat is uitermate amusant! Want dan ontdek je nog eens wat!
Het zijn net zulke fictieve konstrukties als die waarmee ik me
bezighoud! Dat gaat ook op basis van associaties, wat het eerst in
die grijze cellen terechtkomt, dat schrijven ze neer.
Het lijkt me irritant.
Welnee! Waarom iemand het recht ontzeggen zich met een
hobby bezig te houden? [*De Groene Amsterdammer*, 18 december
1985]

Ik heb het gevoel dat de kritiek na [*Het verdriet van België*] nooit
echt op gang is gekomen. Nogmaals ik wil daar niet over klagen.
Het is één van de misverstanden waarmee je moet leven als je
auteur bent. Als dichter of toneelschrijver mag je al blij zijn als er
enige respons komt. Je mag dan ook niet vitten over de kwaliteit
van de respons. Je kunt wel zeggen: ik zou willen dat het totaal-
beeld van wat ik heb gemaakt wordt benaderd. Na al die jaren heb
ik geleerd me daarmee te verzoenen. Het gebeurt uiterst zelden dat
ik een behoorlijk gefundeerde benadering van mijn werk te lezen
krijg. [*Het Volk*, 28-29 maart 1987]

Ja, nu ik oud en versleten ben, krijg ik een soort aura bij gratie
van de dingen die je daarnet hebt opgenoemd. Maar als je nagaat
hoé m'n boeken ontvangen zijn! Behalve dan door mensen die het
talent en het genie hadden om in te zien dat mijn boeken goed
waren. Ach, door de meeste recensenten is mijn werk bijna voortdurend neergesabeld. En de *simpelste* overwinning, namelijk dat ik
louter van mijn schrijven in leven zou kunnen blijven, heb ik niet
eens behaald. Sociaal ben ik een paria. [*Humo*, 23 april 1987]

Ik heb heel weinig geleerd van critici. Er is een heel mooie uitspraak van ik-ben-vergeten-wie, maar die zegt dat geen enkel kind
ooit naar zijn vader is toegegaan en heeft gezegd: "Papa, ik wil criticus worden." Dat is het een beetje, vind ik. [*Humo*, 27 september
1990]

Er zijn eigenlijk maar enkele mensen, over het algemeen goede vrienden, wier mening ik werkelijk op prijs stel. [*Het Binnenhof*, 13 april 1991]

Ik sta er elke keer van versteld wat ze allemaal in mijn werken hebben gevonden. Dat wil echter geenszins zeggen dat ik het belachelijk vind wat deze heren produceren. [*Het Binnenhof*, 13 april 1991]

Als je in een klein land woont, en je loopt niet in het gareel, dan word je wel eens gekoesterd maar nog het meest word je weggehoond. De kritieken op mijn werk zijn voor negentig percent slecht geweest, maar nu ik al zo oud ben, schijnt men dat te vergeten. Er is een soort waas overheen gekomen. Het lijkt nu wel alsof ik mijn hele leven lang niets anders heb gedaan dan met wijven op voorpagina's staan, en tussendoor even een paar boekjes heb afgescheiden. Dat is dan mijn mythe. Welnu, er klopt geen barst van. Niet dat ik het ooit anders heb gekend: toen ik pas tweeëntwintig was, werd ik al enthousiast neergehaald, en dan nog wel door mensen die daar toen het gezag voor hadden. [*Humo*, 3 november 1994]

Ik hou alleen maar rekening met kritiek van gelijken, en die zijn er bijna niet. [*HP/De Tijd*, 18 november 1994]

Ik ben de meest gelauwerde. Dat mag ik zo verwaten kraaien, omdat ik er toch niets aan kan doen. Gelukkig ben ik ook de meest gehoonde. Waarvan ik kan genieten is de graad van meesterschap mij aangeboden door de Maatschappij van Letterkunde. Omdat ik een autodidact ben en betrekkelijk analfabeet bezorgt het feit dat ik thans een Meester ben (bijna Schoolmeester) mij een infantiel genot. Uiteraard word je geraakt door een kwalijke aanval, zelfs uit de pen van een debiel. Niet lang, maar toch een minuut of vijf. [*Libris Magazine*, nr.3, 1996]

Goeie literaire kritiek is volgens mij kritiek die zich met dat metier bezighoudt, zich dus vooral op *technisch niveau* afspeelt, toegespitst is op de vakmatige kant van het schrijven, en je zodoende op eventuele technische fouten kan betrappen. [*Humo,* 2 september 1997]

Ik lees met het grootste plezier alles wat geleerde heren over mijn werk schrijven. Ik wil namelijk best iets leren over mijn boeken, er staat in een boek immers altijd meer dan de auteur weet. Maar al de ontdekkingen van de exegeten wegen nog altijd niet op tegen de honderden dingen die ze nog niet naar boven hebben gehaald. *Frustreert het u dat er veel onopgemerkt blijft?* Ik kan niet verwachten dat alles ontsluierd wordt, want dan zou ik veronderstellen dat de lezer zo erudiet is als ik. Maar het verbaast me weleens. [...] Eigenlijk ben ik een sukkelaar: ik ben al een halve eeuw aan het krassen en krabbelen om te proberen iets van het grote geheim in een paragraaf te vatten, maar niemand werpt er ooit een blik op. [*Humo,* 13 januari 1998]

Ik laat wel gaten in mijn vertellingen, zodat de lezer gekieteld wordt. Dat is een plezier dat je hem moet gunnen. Het is een kruiswoordraadseltje dat we samen oplossen. Maar verder heb ik in mijn leven zoveel rare dingen over mijn boeken gehoord dat ik de lezer niet helemaal au sérieux kan nemen. Want, enfin ik kan hier niet zitten te emmeren, maar de aandacht die ik zou wensen voor mijn boeken, voor mijn poëzie, mis ik. Het gebeurt uiterst zelden dat een criticus mij een entree geeft tot bepaalde gedichten van mij, dat is heel zeldzaam. Decennia geleden, op de poëziedagen van *De Vlaamse Gids,* geloof ik, aan de kust, ontmoette ik Bordewijk. Hij had net over *Natuurgetrouw* geschreven, heel lovend. Ik zeg hem: "Mag ik u danken voor die voor mij heel belangrijke woorden." En hij keek me aan, met z'n hele harde, noordse kop, en hij zei heel afgemeten: "U hoeft mij niet te danken." Sindsdien heb ik inderdaad nooit een criticus of een recensent bedankt. [*De Standaard,* 3 december 1998]

Tekening van André Deroo uit *Kreatief*, oktober 1968 n.a.v. de *Masscheroen*-zaak

Claus over theater en theaterkritiek

Ja, Ton Lutz is te eerbiedig tegenover mijn tekst. Hij zou meer moeten optreden. Toneel verander je onder de druk van praktische omstandigheden. [H.U. Jessurun d'Oliveira, *Scheppen riep hij gaat van Au*, Polak & Van Gennep, Amsterdam, 1965, p. 145]

Dat stuk [*Het lied van de moordenaar*] is niet van mij, dat zou een imperialistische opvatting zijn. Ik heb dat stuk losgelaten, het is bezit van iedereen. De regisseur heeft alle rechten. [*De Volkskrant*, 8 februari 1968]

Je vindt discusie in het theater niet zo nuttig. Op dat vlak ben je voorstander van een strakke leiding, van een zekere elitevorming.
Als regisseur is dat mijn vaste overtuiging, ja. Er is nu een kleine oprisping van zelfstandigheid bij de acteurs, maar dat is allemaal nog zo embryonaal dat ze nog altijd behoefte hebben aan een vaste hand. [*Humo*, 6 januari 1972]

Hugo Claus zal geen letter toneel meer schrijven. [...] De auteur is nog altijd vertoornd over de wijze waarop in Nederland en Vlaanderen zijn jongste toneelstuk Thuis *is ontvangen.*
Het ging hier werkelijk om een samenzwering van enkele giftkikkers van recensenten. Het was wat je noemt "une levée des boucliers" en ik reageer daar heel kinderachtig op: de heren vinden het niet mooi, de heren moeten het dan maar zelf doen...
Is hier dezelfde Hugo Claus aan het woord die ooit verklaarde zich zo weinig met de critici in te laten als de leeuwen met de vlooien in hun manen?
Dezelfde. Maar theater is een kunst die het moet hebben van het publiek. En de middenstander leest in zijn krant wat hij mooi moet vinden. Voor toneel volgt hij de recensent. Voor de film niet. Ik denk dat ik vooral nog zal filmen... [*De Standaard*, 28 juni 1976]

Toneelschrijven is niet moeilijk. Iemand die er een beetje feeling voor heeft leer je het in een uur. In Nederland hangt er zo'n sfeer over van: het is zo moeilijk. De schrijvers hebben begeleiding nodig van dramaturgen...ach, ach. Mist is het. Gewichtigdoenerij. Het is heel simpel. Toneel is een slap aftreksel van film. Het heeft ook te maken met het soort mensen dat naar toneel gaat. Vooral hier in België. De gemiddelde schouwburgbezoeker is zestig. Wat heeft het voor zin om voor die mensen te schrijven? Het reflecteert op geen enkele manier de werkelijkheid. Het is een soort luxe voor middenstanders. [*Haagse Post*, 6 mei 1978]

Ik ga de mensen in de schouwburg niet lastig vallen met rare quasi erudiete hints naar de structuur. Het moet eruit zien, alsof het bijna echt is. Maar de mensen die daarvoor betaald worden, die tot professor benoemd worden en die als kunstvlooien leven van de originele produkten van de auteurs, hùn plicht is het om dergelijke zaken te zien. Dat is hùn werk. Als de universiteiten jaarlijks zoveel mensen afleveren die op dat terrein werkzaam zijn, dan is het minste wat ik kan vragen dat ze de meest voor de hand liggende elementen in een literair werk ontdekken. [*De Nieuwe*, 27 april 1979]

Hoe evalueer je na al die jaren de theaterkritiek?
Sommige recensenten zijn inderdaad van mening dat ze alles beter weten omdat ze toevallig het laatste nummer van *Theater Heute* hebben gelezen, of hun licht hebben opgestoken in *Le Monde*. Dat is het ergste wat een toneelauteur kan overkomen. Ten slotte schrijft een auteur voor een zaal van achthonderd mensen. Onder die achthonderd zijn er vijfhonderd die van theater alleen maar verwachten, dat ze kunnen lachen. Het is de plicht van een toneelschrijver daar in eerste instantie mee rekening te houden. Hij mag zoveel dubbele bodems in zijn stuk stoppen als hij wil, het effect op het publiek primeert. Het grootste deel van het publiek heeft geen boodschap aan de achttien lagen in een toneelstuk. Nu bestaat er bij enkele toneelschrijvers helaas een neiging om hun werk toe te spitsen op de reactie van enkele recensenten die het allemaal zoveel beter weten. [*Het Volk*, 2 maart 1985]

Tot nu toe, na veertig jaar toneel, een 50-tal toneelstukken, heb ik me niet één keer publiekelijk uitgelaten over wat er mij zo allemaal te beurt viel. Sereen, bijna waardig, heb ik kennis genomen van zowel de hoon, het gemelijk gekwaak als van de onverdiende lof. Zo heb jij van mijn hand nooit één woord gelezen over de kwalijke maagzuurlucht die W. Van Gansbeke in *De Morgen* verspreidt, nooit heb ik de schrijnende nutteloze gestalte van F. Six van *De Standaard* opgeroepen, nooit heb ik een lettergreep aan de in *Knack* keffende dwerg E. De Heer gewijd. Deze heren pissen tegen het Parthenon. Daardoor wordt het Parthenon niet aangetast, daarvoor is hun urinezuur te waterig. [...] Tijdens die knusse gedachtenwisselingen vertelde ik je ook dat het een van mijn gewoonten was een toneelstuk eerder aan de lange kant uit te schrijven, zodat er voor een regisseur ruimte ontstond om de tekst te comprimeren, te veranderen, te wieden. Uiteraard in overeenkomst met de auteur. Zo heb ik als regisseur van *Vrijdag* een vierde van mijn tekst geschrapt. Maar daarop zei jij: "Nee, ik speel de hele tekst."

"Waarom, Sam?"

"Omdat het hier een meesterwerk betreft. Dat moet integraal."

Papperlapap, dacht ik, die Bogaerts moet mijn stuk wel zeer genegen zijn om het zo te koesteren, om het zo integraal uit zijn mediocriteit te tillen. [...]

Mag je dan geen inbreng hebben als regisseur?

Jazeker. Als je je gedraagt, als je je regisseurschap niet opvat als een vrijbrief om als een vandaal te keer te gaan. [...] Het wordt tijd dat regisseurs in hun kunst- en vliegwerk beteugeld worden. Deze opstand van klerken heeft lang genoeg geduurd. Zij moeten teruggestuurd worden naar de kelderkeuken met het andere personeel tot zij opnieuw leren een tekst, een structuur, een bedoeling te respecteren. Tot zij ermee ophouden een stuk te verzieken met hun ongevraagd co-auteurschap. [...] Nu ik in een wat melancholieke bui ben [...] denk ik aan mijn eerste toneelstuk. Het werd veertig jaar geleden in Duitsland gespeeld. Het heette *Een Bruid in de Morgen* en speelde zich af in een duf kleinburgerlijk gezin. En wat zagen mijn verbijsterde ogen? De Duitse akteurs liepen rond in rok en in avondjurk, in een zonovergoten landschap met een Griekse tempel als achtergrond en zij krijsten twee uur lang de longen uit hun lijf om boven de electronische muziek uit te komen. Toen ook al het hoogverraad. ["Open brief aan Sam Bogaerts, regisseur en co-auteur", in: *Humo*, 28 oktober 1993]

Uw werk komt hier niet binnen tenzij over mijn lijk.
Tekening uit *'t Pallieterke*, 6 januari 1966 n.a.v. Claus' weigering nog stukken te laten opvoeren in Gent na de afwijzing van zijn kandidatuur als theaterdirecteur

Een gestoorde relatie
Hugo Claus en de Prijs der Nederlandse Letteren

Hugo Camps

Hugo Claus is als Joop den Uyl en wellicht nog een paar andere hoog opgerezen volksjongens: hij weet geen raad met applaus,
hulde-rituelen en protocollaire hoogmissen. Waar Den Uyl dan
altijd een beetje luchtledig aan zijn colbert staat te friemelen en de
exploderende ontroering probeert weg te kuchen, vlucht de schrijver het harnas in van de ironie. De grijns als barricade van de
afstandelijkheid. Middels talloze grimassen zie je de gevierde dan
een kleine opera-scène van verweer zoniet weerzin om zich heen
bouwen. Om toch maar niet de minste kleinheid van gemoed te
moeten bekennen. En mede omdat de schrijver voor hem per
definitie iemand is die zich weigert te conformeren. Ook dus aan
het plechtige feestgedruis dat hem bij toeval overvalt.

De reactie van Hugo Claus op de toekenning van de Prijs der
Nederlandse Letteren was, voor wie de meester een beetje kent,
dan ook voorspelbaar. En jawel, de Vlaamse schrijver knorde zich
ook nu voor radio en televisie vrolijk de dissidentie in. Alsof hij
aan het literaire hoogstandje nauwelijks deel had of wou hebben.
Claus noemde de hem toegekende prijs trouwens een "aangenaam
randverschijnsel". Echt gestreeld voelde hij zich niet, ook al niet
omdat "de bekroning twintig jaar te laat kwam om nog de grote
roes aan te richten". En van het geld lag hij ook niet wakker. Die
achttienduizend gulden stellen slechts een tiende voor van wat hij
jaarlijks aan belasting moet betalen, zo liet de auteur balorig
weten.

Toch zal Hugo Claus deze keer de prijs aanvaarden omdat hij
anders "aan de overleving zelf zou verzaken". "Alle beetjes helpen.
Daarom zal ik straks ook de Achille van Acker-prijs (genaamd naar
de grote socialistische voorman uit Brugge) deemoedig in ontvangst nemen."

Tekening uit *Vrij Nederland*, 26 maart 1983 van Siegfried Woldhek n.a.v.
Het verdriet van België

Het klinkt allemaal erg berustend, tegen de grens van een lichtjes vermakelijke pedanterie aan. Zou deze schrijver dan geen aureoolhonger hebben? Vast en zeker wel. Maar Claus heeft iets met prijzen dat hem als feestvarken ongeschikt of op z'n minst terughoudend maakt. Hij heeft daar zelfs goede redenen voor, die zowaar dieper liggen dan de permanente hunkering naar steeds weer andere verschijningsvormen. Het verlangen naar ongrijpbaarheid is voor hem niet louter een theatraal masker, het is verankerd tot een levenshouding die zich vooral uit in de weigering. Alles wat de mens overkomt, berust op misverstanden, zo heeft Claus geleerd: "Zelfs de grootste revoluties zijn niets anders dan metaforen." Op deze onbeweegbare onmacht past alleen de weigering als antwoord, tevens natuurlijke, misschien dramatische en alleszins laatste toeverlaat. Dan ook hoort elke glorie die nog uit de handen van Beatrix of Boudewijn wordt aangereikt, onverbiddelijk thuis in de optocht der absurditeiten.

Dat Claus nu toch vatbaar lijkt voor een atomische ontkoppeling van deze levenshouding en zich straks feestelijk zal laten beademen door een koninklijke glimlach, is een paradox van mildheid. Door de jaren aangeslibd? Of misschien door de angst dat het grote schrijverschap langzaam maar zeker achter hem komt te liggen? Het is zeker ook mede een gevolg van dat wankele, dat onzekere in hem. En dat weliswaar een veelvoud aan maskers en maskerades doet ontstaan, maar de gevoeligheid van zijn mentale huid (ook voor eer en erkenning) niet wegneemt. Claus is als schrijver eerzuchtiger, ethischer en passioneler bezig dan hij toegeeft. Zoals zijn fragiel meeleven en -voelen met anderen ook véél kwetsbaarder ligt dan de enkele keren dat hij zijn maskers durft te verlaten doen vermoeden. De meester in het krassen van woordjes op papier is vaak ook een meester van de versluierde persoonsontdubbeling. CDA'ers zouden spreken over een huis met vele woningen.

De gestoorde relatie van Claus met literaire prijzen kabbelt ook tussen oevers van humeurigheid omwille van de verlate erkenning waarvan de schrijver zich het slachtoffer voelt. Zeker in Vlaanderen, waar een leeslastig volk huist dat ook het literaire conservatisme al te lang als een schaduw van fatsoen koesterend met zich heeft meegedragen. Anders dan Nederland heeft Claus Vlaanderen moeten bevechten en veroveren. Ook nog dwars tegen de bureaucratische maffia van de respectieve cultuurministers in, die wel geld en promotiecampagnes overhad voor de conforme vrienden van het verzuilde woord (liefst Heimat-schrijvers en zo), maar veel minder aanmoedigingsprijzen uitdeelde voor wie aan een baanbrekend, vormvernieuwend en taboedoorbrekend œuvre bezig was.

Ook de para- of supra-literaire verwachtingen van Claus werden door Vlaanderen nooit ingelost. Zo wou hij destijds al een theater in Gent gaan leiden, maar werd daar door de bevoegde (?) autoriteiten nooit voor aangezocht. En de laatste jaren heeft hij de wens wel eens laten vallen als literatuur-docent een of andere universiteit te mogen verlichten, maar ook daar schijnt niemand oren naar te hebben.

Kortom, de 55-jarige Hugo Claus loopt nog steeds met een aanbod rond dat door zijn (Vlaamse) omgeving niet volledig wordt aangeboord. En *Het verdriet van België* was toch niet zijn eerste meesterwerk. Vandaar dat de heisa van de laatste tijd rond zijn literair internationalisme hem ook stéékt. Hij heeft te laat te weinig gekregen en blijft zich daarom maar liever bewegen binnen de grenzen van een feestelijk libido waar de Brinkmannen, de lintjesknippers en de gezwollen critici toch geen hoogte van krijgen. De neutrale zone van het middenrif van een vrouw is als een blad papier: dat bespeelt hij alleen, naar eigen goeddunken. Daar kroont de intimus Claus zichzelf, zij het ook nog steeds als dissident.

In het jury-rapport heet het dat Claus deze driejaarlijkse Prijs der Nederlandse Letteren toegekend krijgt "voor zijn verbluffende veelzijdigheid en de volgehouden kwaliteit van zijn hele œuvre". Benadrukt wordt voorts dat hij in alle genres baanbrekend werk heeft voortgebracht. Claus moet daar zeker een binnenpretje aan overhouden. Die veelzijdigheid aan genres lacht hem al veertig jaar toe als een frivole versnippering die ook deze van zijn aard is. En die ervoor gezorgd heeft dat hij al die tijd ongrijpbaar is gebleven, zijn overgevoeligheid meestal toegedekt kon houden en zijn diepe bedeesdheid steeds opnieuw in een Bourgondisch embonpoint kon verzuipen. Maar de versnippering van Claus is veel minder een literaire dan een levenskeuze. En ligt vooral in de verwondering die dat heeft teweeggebracht.

Beatrix mag daarom straks een schrijvende eenling kronen die zelfs bij de vertaling van *King Lear* alleen naar zichzelf luistert en niet naar de echo's die van buiten of van gisteren komen.

Tekening van ian uit *Knack*, 28 januari 1987

Prijzen

1950
Leo J. Krijnprijs

Prijs van de uitgeverij Manteau voor de beste onuitgegeven roman ter waarde van 25.000 BEF, toegekend voor het manuscript van *De eendenjacht*, de latere roman *De Metsiers* (1951). De jury bestond uit François Closset, André Demedts, Willem Elsschot, Raymond Herreman en Willem Pelemans.

Persoonlijk was ik erg onder de indruk van *De Metsiers*. Misschien deed het me iets te veel aan Faulkner denken, maar voor een debuut vond ik dat geen bezwaar: nieuw talent verschijnt nu eenmaal niet zomaar uit het niets. Wel werd Raymond Herreman erop uitgestuurd om van de jeugdige schrijver de zekerheid te krijgen dat het om een authentiek werk ging. We konden het bijna niet geloven dat dit boek was geschreven door een achttien- of negentienjarige. Willem Elsschot was heel wat minder enthousiast over *De Metsiers*. Hij schreef de overige juryleden:

> Mijnheren, ik zend U *De Metsiers* terug dat ik in zijn geheel gelezen heb en dat wil wat zeggen qua zelfopoffering. Het verhaal heeft volgens mij generlei litteraire waarde en is zeer zeker niet geschikt om in boekvorm uitgegeven te worden. Het is gewild ordinair en zo rommelig dat men onmogelijk uit de personages kan wijs worden.

Ook jurylid André Demedts was niet voor *De Metsiers* te vinden. Gelukkig gaven de overige juryleden hun stem unaniem aan het manuscript van Claus. [Angèle Manteau in: Greta Seghers, *Het eigenzinnige leven van Angèle Manteau*, Prometheus, Amsterdam, 1992, p. 179-180]

1952
Arkprijs van het Vrije Woord

Hugo Claus kreeg deze prijs, ingesteld en toegekend door de redactie van het *Nieuw Vlaams Tijdschrift*, voor de roman *De Metsiers*.

De zeventien leden van de redactie verleenden vorig jaar voor de eerste maal die onderscheiding aan de dichteres Christine D'Haen. Dit jaar is de keuze gevallen op Hugo Claus. [...] Zeven stemmen verwierf hij onmiddellijk, op een 12-tal, meen ik. De tweede ronde moest hem van-zelfsprekend met vrijwel zekere unanimiteit tot Arklaureaat maken. [Maurice Roelants in: *Elseviers Weekblad*, 31 mei 1952]

Raymond Herreman vertelt aan vrienden graag van de ontvangst in het sjieke restaurant op de Grote Markt te Brussel waar Claus de Vlaamse cultuurpaladijnen in het Frans en in Saint-Germain-pakje – gezien de in jong Parijs heersende gewoonten – begroette. Enkele vlug van de kook gebrachte flaminganten begonnen hun das op te eten. Enkele haastig gefluisterde woorden van Herman Teirlinck waren nodig om de Parijse immigrant en existentialist er aan te herinneren dat hij niet meer in Parijs was. [Johan de Roey, *Hugo Claus. Een poreuze man van steen*, Lannoo, Tielt-Den Haag, 1964, p. 91]

[...] meer een *talent* dan een werk zochten wij te bekronen, méér de onmiskenbare *geut* en *merkslag* van een geboren schrijver dan het geheel als esthetisch verschijnsel, méér die duizend onnaspeurbare imponderabilia van het verbale kunstenaarschap dan een toevallig boek, zoals gij, hopen wij, er nog vele en misschien zelfs betere zult schrijven. [Hubert Lampo in het juryrapport, in: *NVT*, mei 1952, p. 998]

1955
Driejaarlijkse Staatsprijs voor Toneelliteratuur
De prijs (periode 1952-1954) met een waarde van 40.000 BEF werd unaniem toegekend voor *Een bruid in de morgen* (1955). De jury bestond uit Lode Baekelmans, Fred Engelen, Jan Grootaers (secretaris), Hubert Lampo en Herman Teirlinck (voorzitter).

Als bekroning van een geslaagde carrière kan deze onderscheiding zeker niet gelden; Claus is nog geen dertig. Een meesterwerk is het stuk evenmin. Waarom dan deze bekroning? Wij hebben *Een bruid in de morgen* met stijgende verbazing gelezen. Dat bekennen wij graag. Het stuk is verre van volmaakt, maar het is desondanks buitengewoon knap geschreven. [Luc Vilsen in: *DWB*, februari 1956, p. 114]

De jury heeft stellig de klok een halve eeuw teruggezet [...]. "[N]ieuw van binnen, nieuw van klimaat en beelding, bode van een nieuw mysterie..." noemt de juryvoorzitter dit zo verouderde sensueel geploeter! [...] Herman Teirlinck heeft echter op de voorafgaande pers-konferentie naast vage literatuur ook duidelijke taal gesproken, toen hij zei dat men het geld toch aan iemand moest geven en er onmiddellijk bijvoegde geen supporter te willen zijn van dit discutabel dramatisch werk... [...] Anderen beweren zelfs dat de jury het stuk bekroond heeft om direkteur Mortier te dwingen, pardon, tot betere gevoelens te brengen, vermits hij het stuk aanvankelijk (om begrijpelijke redenen) niet wenste te spelen... [P.V.M. in: *De Standaard* (?), z.d.]

Prix Lugné-Poë

Prijs voor het beste toneelspel dat in het seizoen te Parijs werd opgevoerd, toegekend voor *Andréa ou la fiancée du matin*, de Franse vertaling van *Een bruid in de morgen*, die werd gecreëerd in de Mardis de l'Œuvre te Parijs in een regie van Sacha Pitoëff en met Jean-Louis Trintignant in de rol van Thomas.

Prix Bonjour Promesse, Prix Bonjour Jeunesse, Prix de la Jeunesse, Prix Françoise Sagan...

Ter gelegenheid van de publicatie van *Jours de Canicule*, de Franse vertaling van *De hondsdagen* (1952), nodigde uitgever Jean-Claude Fasquelle een aantal Franse schrijvers en vedetten – onder wie Françoise Sagan, Auguste Le Breton, Dominique Wilms en Renée Lebas – uit om, in aanwezigheid van de pers, met de auteur deel te nemen aan een "souper-garden-party (aux chandelles)" op de scène van het Théâtre de l'Œuvre. Bij die gelegenheid werd Claus een bloemenkrans op het hoofd gedrukt, een daad die in tientallen foto-varianten werd vastgelegd en in evenveel kranten werd verspreid. In *Franc-Tireur* van 29 maart 1955 heet het dat men Claus, omringd door mooie vrouwen, "coiffait, *histoire de rire*, d'une couronne de fleurs qui pouvait à la rigueur évoquer des lauriers". De *République du Centre* (30 maart) plaatst het feit dat Claus werd gekroond ("couronné") tussen aanhalingstekens. *Libération* (29 maart) heeft het over "l'opération 'Bonjour promesse'", maar *Le Berry Républicain* (29 maart) maakt er als eerste "le Prix Bonjour-Promesse" van. Onder de titel "Bonjour, promesse..." hebben vanaf 30 maart diverse kranten het over een heuse prijs, "le

306   **SOCIÉTÉ DES ÉCRIVAINS DAUPHINOIS**

PRIX LUGNÉ-POË

Historique. — Date de création : 1946.
    Interruption : de 1951 à 1954.
Lauréats :
    1946. — Maurice CLAVEL : Les Incendiaires.
    1947. — René AUBERT : La pomme rouge.
    1948. — Albert SALTEL : Des hommes viendront.
    1949. — Pas décerné.
    1950. — Jean MOGIN : A chacun selon sa faim.
    1951. — BRÉAL : Edmée.
    1955. — Hugo CLAUS : Andréa ou la fiancée du matin.

Knipsel uit *Bibliographie de la France*, 26 april 1957

55, RUE DE CLICHY   *   28 MARS 1955
                                                            12 HEURES 30

Uitnodiging voor een "souper" op 28 maart 1955 vanwege uitgeverij Fasquelle

Prix de la Jeunesse". Op 31 maart luidt het in *Volksgazet*: "Françoise Sagan, die onlangs bekendheid verwierf met haar roman *Bonjour Tristesse*, heeft te Parijs de naar haar genoemde prijs voor letterkunde uitgereikt aan de jonge Vlaamse schrijver Hugo Claus voor zijn roman *De hondsdagen*." *De Post* van 17 april probeert het nog te hebben over het feit dat de schrijver "symbolisch gekroond" werd, maar wanneer ook de *Haagse Post* van 28 mei spreekt van een "frisse, groene onderscheiding", die luistert naar de naam "Bonjour Promesse" is een nieuwe literaire prijs geboren...

1956
Letterkundige Prijs van de stad Gent
Prijs van 15.000 BEF voor auteurs tot 40 jaar, toegekend aan Hugo Claus voor de eenakter *De getuigen*.

- En nu ontving ik ook de prijs van de stad Gent, voor dat toneelstuk daar, ge weet wel... zegt Hugo Claus mij.
- Gij zijt de meest prijzenswaardige auteur, die men vinden kan, antwoord ik hem.

Want Claus heeft ongeveer geschreven: twee romans, een bundel schetsen, twee bundels gedichten en twee toneelstukken. En hij heeft daarvoor ontvangen: de Kryn-prijs, de Ark-prijs, de staatsprijs voor toneel, een prijs in Frankrijk (er kwam toen een foto van hem in alle Franse bladen, met een krans van Parijse meisjes rond zijn hals) en een prijs die ik vergeten ben, en nu de prijs van de stad Gent.

- En het gekste, zegt Claus, dat ik daar helemaal niets voor doe... al die dingen vallen mij op het hoofd, gelijk rijpe kastanjes in de herfst.

Het klonk als een verontschuldiging. En ik begrijp dat, het moet onaangenaam zijn geen letter te kunnen schrijven of daar een prijs voor in ontvangst te moeten nemen. [Boontje in: *Vooruit*, 8 september 1956]

Na te hebben aangestipt dat de jongeheer Claus met zijn zeven gepubliceerde boeken en boekskes reeds zes keren werd bekroond, stelt Boontje vast dat "het onaangenaam moet zijn géén letter te kunnen schrijven zonder daarvoor een prijs in ontvangst te moeten nemen". Hoewel we nog géén enkele keer hebben gehoord dat de jongeheer Claus één dezer prijzen heeft geweigerd, begrijpen we toch Boontje's gedachtengang. Want voor iemand met het genie van een Hugo Claus moet het méér dan pijnlijk zijn verplicht te worden, gelijk de eerste de beste vulgaire literatuurluurder, een bepaalde prijs met de daarbijhorende blauwe briefjes in zijn zak te steken. ["Bij de Literatuurluurders", in: *'t Pallieterke*, z.d.]

1957
Ridder in de Orde van Leopold II

Toegekend bij Koninklijk Besluit van 3 april 1957 op voordracht van de Minister van Onderwijs Leo Collard.

VW: Indertijd bent u gedekoreerd met de orde van Leopold II en hebt u naderhand een zeer controversieel theaterstuk geschreven over die vorst... [...]

H.C.: [...] Die [decoratie] werd mij opgedrongen: als je een Staatsprijs gewonnen hebt, dan krijg je automatisch die Orde van Leopold II. Dus

Hugo Claus gaat een boek schrijven over Leopold II. Dank zij onze goede relaties met Hugo, kunnen wij hierboven reeds een afbeelding brengen van de titelbladzijde.
Tekening uit *'t Pallieterke*, 14 oktober 1965

dat betekent helemaal niks: toen ik 'm net gekregen had – ik geloof dat ik een jaar of 22-23 was – heb ik heel vaak rondgelopen met die dekoratie, in de hoop dat op de trein een of andere woedende kolonel zou zeggen: "Wat doet die vlerk, die snotneus daarmee?". Maar dat is nooit gebeurd en daarom was ik wel verplicht om die prijs niet te verdienen. [Hugo Claus in een interview in: *Vlaams Weekblad*, 23 januari 1987]

1959
Referendum der Vlaamse Letterkunde
Onderscheiding op basis van een enquête bij letterkundigen, toegekend door de Vereniging ter Bevordering van het Vlaamse Boekwezen voor de verhalenbundel *De zwarte keizer* (1958). Aan de bekroning is geen geldsom verbonden. In 1963 zal de VBVB wijzen op de gebleken geringe belangstelling van de auteur voor deze onderscheiding:

Reeds in het verleden heeft de heer Claus getoond, geen waarde te hechten aan ons pogen, de aandacht van het publiek te vestigen op een ander van zijn werken, dat eveneens een bekroning kreeg. Zulks liet niet na, dat wij ons werk, ook ten voordele van deze auteur hebben voortgezet. [*Nieuwsblad voor de Boekhandel*, 7 november 1963]

Ford Foundation Grant
Een commissie in New York onder leiding van de Amerikaanse uitgever en auteur James Laughlin koos uit 67 aanvragen uit 15 landen. Tot de geselecteerden behoorden onder andere Fernando Arrabal, Claude Ollier, Italo Calvino en Robert Pinget. Hen werd een "grant" toegekend "to participate in the Young Artists Project 1959-60 (Creative Writers)", een programma voor jonge kunstenaars dat onder de auspiciën stond van het Amerikaanse Institute of Educational Exchange en gefinancierd werd door een schenking van de Ford Foundation. De schrijvers ondernamen een reis door de Verenigde Staten van begin november 1959 tot april 1960.

1960
Koopalprijs
Tweejaarlijkse prijs van het Ministerie van Nationale Opvoeding en Nederlandse Cultuur voor de beste Nederlandse vertaling, periode 1958-1959. De jury, bestaande uit François Closset, Robert Foncke, R. Guiette, Karel Jonckheere en Emile Langui (voorzitter), bekroonde *Onder het melkwoud*, Claus' vertaling van Dylan Thomas' *Under Milk Wood*. De prijs bedroeg 20.000 BEF en hield blijkbaar een reisverplichting in. Met zijn vrouw en zijn vriend Christopher Logue reisde Claus in 1961 naar Griekenland en Turkije.

1963
Referendum der Vlaamse Letterkunde
Onderscheiding op basis van een enquête bij letterkundigen, toegekend door de Vereniging ter Bevordering van het Vlaamse Boekwezen voor de roman *De verwondering* (1962). Claus weigerde de bekroning in een brief aan de VBVB:

Mijn dank voor uw brief waarin u mij aankondigt dat mijn boek *De verwondering* een bekroning kreeg, genoemd Referendum der Vlaamse Letterkundigen. Tot mijn spijt zal ik niet op de plechtige uitreiking der prijzen zijn.
Want de zin van deze bekroning ontsnapt mij helemaal.
Als het in de bedoeling lag om mij de waardering te laten geworden van een twintigtal letterkundigen, dan zou u minstens de namen van die twintig letterkundigen mogen bekend maken. Waarom blijven zij anoniem? Wat heeft een schrijver aan de waardering van letterkundigen die onbekend blijven en waarvan hij dus niet weet of hij ze bewondert of misprijst? Ik hoop dat u net zo goed als ik weet dat er in Vlaanderen geen twintig letterkundigen zijn. Tenzij u twintig dames en heren bedoelt die ingeschreven zijn in de Vereniging voor Letterkundigen, PEN-club e.a. In dat geval zou het correcter zijn uw Referendum een andere naam te geven.
Verder getuigt deze bekroning voor de zoveelste maal van het typisch Vlaams paternalisme, dat een schrijver naar huis zendt met een plakette en een avondmaal. Ik mocht over mezelf al meerdere malen lezen als over een "veelgelauwerd" schrijver. Sedert jaren bestaan deze lauweren uit een

welgemeende toespraak, een plakette en soms een middagmaal. Dit soort lauweren begint zwaar te wegen. Daarom zie ik mij vandaag verplicht elke letterkundige prijs te weigeren die niet minstens het maandloon van een ongeschoold arbeider bedraagt. Indien uw Vereniging ter Bevordering van het Vlaamse Boekwezen dit niet opbrengen kan om het boekwezen te bevorderen daar waar het eerst en vooral op aankomt, nl. de creatieve idee, dan kan zij en kunnen de letterkundigen het prijzen-geven beter laten.

Claus' weigering maakte een hele reeks reacties los bij schrijvers, journalisten en cultuurdragers.

Goeverneur Declerck [wijdde] enkele slotbeschouwingen [...] aan het referendum. [...] Ik ben tien jaar van mijn leven vrederechter geweest, aldus de goeverneur, en men kan begrijpen dat ik dan ook geen olie op het vuur van dit incident wens te gieten. Iedereen kent Claus als een impulsieve mens en men kan geredelijk aannemen dat hij wanneer hij op een doel wenst te schieten er altijd erg hoog boven schiet. De goeverneur zette daarop de betrokkenen aan het incident niet te hoog op te nemen. [...] Als positief element uit het incident met Claus stelde hij dat het inderdaad juist is dat onze auteurs nog te schraal gehonoreerd worden en dat daaraan beslist iets moet veranderen. [*De Standaard*, 4 november 1963]

Wij begrijpen Claus. De man komt zopas uit de States terug waar hij tegen 5.000 dollar (250.000 Belgische frank) per exemplaar twee of drie van zijn werken in reuzeformaat (het grootste boek van de wereld) wist te verkopen aan een Amerikaan en aan een Hindoe. Dat is, natuurlijk, in de verste verte niet te vergelijken met een welgemeende toespraak, een plaket, soms een middagmaal en zeker niet met het maandloon van een ongeschoolde arbeider. [*Het Volk*, 1 november 1963]

De meeste schrijvers op de Boekenbeurs voelden sympathie voor de opvatting van Claus dat er nu eens eindelijk boter bij de vis moet komen. De prijzen bloeien in dit land als bosbessen, maar ze smaken veel flauwer. [...] Voor een staatsprijs, die geacht wordt om de 3 jaar het allerbeste te bekronen, geeft men 75.000 f., wat veel te weinig is maar wat een fortuin schijnt als men het vergelijkt met de handgiften van vele andere provincie-, stedelijke en God-weet-welke prijzen! Men was het minder eens met de wijze waarop Claus het incident had veroorzaakt. En meer dan één (minder begunstigde...) wees erop, dat Claus zelf zeker niet te klagen heeft over het manna van de literaire boom. Heeft hij niet al een paar keer een regeringsbeurs gekregen, die weinigen te beurt valt? Natuurlijk kwam ook de jalousie-du-métier boven tegen een van de meest succesrijke schrijvers van het ogenblik, die bovendien nooit om een incidentje verlegen zit. [Gaston Durnez in: *Het Binnenhof*, 28 november 1963]

Wanneer de eveneens bekroonde Aster Berkhof bij de prijsuitreiking verklaart blij te zijn met deze bekroning schrijft Claus hem:

Gisteren mocht ik in *De Gazet van Antwerpen* een vrij kurieuze uitspraak van U lezen. Ik citeer: "Aster Berkhof dankte op geestige wijze 'namens degenen die boeken schrijven en nog wel blij zijn met een bekroning'." Daar ik niets liever wil dan U blij te maken is het mij een eer en een genoegen U hierbij te bekronen met de Hugo Claus-prijs voor de maand november 1963. Deze bekroning geldt Uw verzameld werk. Ingesloten vindt U dan ook het bedrag dat aan deze bekroning verbonden is, namelijk 12 (twaalf) Belgische frank. In de hoop dat U niet alleen blij bent, maar dat deze bekroning een aansporing moge betekenen om verder in Uw literaire loopbaan te volharden, mijn vriendelijkste groet en mijn hoogachting.

Claus heeft zich naar het oordeel van de meeste jonge Vlamingen, die zich met letterkunde bezighouden, niet juist gedragen. Men mag hem in het algemeen wel als "enfant terrible" van de Vlaamse letterkunde beschouwen (zo jong om als "enfant" te gelden, is hij overigens ook niet meer), hoewel men weet, dat hij achter de schermen intrigeert om tot officiële roem te geraken. Men neemt het hem echter terecht kwalijk, dat hij zich nu onfatsoenlijk heeft gedragen jegens een collega, die door zijn vele boeken en zijn optreden voor de Vlaamse televisie een grote populariteit in het Vlaamse land heeft. [*Gooi en Eemlander*, 7 november 1963]

Dát was beledigend. Aster Berkhof is namelijk een schrijver van het vijfde plan en de toekenning van die spotprijs is dus gewoon een trap ná. Als wij de soevereiniteit van Hugo Claus hebben erkend, moet hij daarvan geen gebruik maken om een lachertje te forceren ten koste van een mindere. Daarmee benadeelt hij zijn eigen zaak: de strijd van de kunstenaar tegen zijn boezemvijand de bekroningscommissie. [Wim Zaal in: *De Stem*, 23 november 1963]

Boekenmarkt-prijs
Prijs van f 1.000, toegekend aan Aster Berkhof. Aanvankelijk wilde men Hugo Claus de prijs geven. Hij liet echter weten niet voor bekroning in aanmerking te willen komen.

Harry-prijs
Prijs, een diploma, toegekend door het Vilvoords Cultureel Centrum "Theater 61" voor "waarheid in geschrift", uitgereikt in aanwezigheid van de eerste winnaar Harry Mulisch, die de laudatio hield:

"Gisteren ging u slapen als Hugo Claus en vanmorgen werd u wakker als Harry-prijsdrager. U hebt nu de top van de Olympos bereikt. U is nu verplicht te zwijgen want u kunt als schrijver nog alleen bergafwaarts...U zult toch voort doen maar uw familie, uw vrienden zullen u de rug toekeren..." Een katastrofe wordt voorspeld voor het geval Claus nog een toneelstuk schrijft..."Laat u niet verleiden door de Nobelprijs, want zodra gij de Koning van Zweden kust, verandert hij in het monster van Loch Ness." Claus repliceert "Geachte voorganger"...Hij zegt verrast en ontroerd te zijn door de woorden van de Hugoprijsdrager, waar hij steeds naar opgekeken heeft als naar iets nobels en groots. "Neen, hoger kan ik niet meer klimmen, ik heb uw rug beklommen en sta op uw schouders. Ik weet wat de gevolgen zullen zijn: de desintegratie van de schrijver..." [*De Standaard*, 26 september 1963]

1964
Prijs voor het visualiseren van poëzie
Prijs toegekend op het Festival te Antwerpen voor de TV-film *Antologie*.

Tenslotte was er ook een prijs – die vooraf niet was voorzien – "voor het visualizeren van poëzie", vermoedelijk omdat men meende toch iets te moeten doen voor de poëziefilms van de Vlaamse Televisie. De jury koos *Antologie* van Hugo Claus, wat wij destijds als "poëzie ontluisterd" hebben betiteld, hetgeen wij nog altijd doen. Deze prijs is een jammerlijke vergissing. [*De Standaard*, 1 december 1964]

Referendum der Vlaamse Letterkunde
Onderscheiding op basis van een enquête bij letterkundigen, toegekend door de Vereniging ter Bevordering van het Vlaamse Boekwezen voor de roman *Omtrent Deedee* (1963). Evenals het jaar voordien weigerde de auteur de bekroning.

Zolang in dit land de veronachtzaming van de schrijver, de totale onverschilligheid tegenover het beroep van schrijver, blijft bestaan, is het minzaam toebedelen van een plaquetje in het openbaar onder het applaus van al wie meent daardoor de cultuur te hebben geholpen, een aanfluiting [...]. Ik weet het, het is onnoembaar vulgair, dat een letterkundige over geld spreekt, over procenten enz. Men verkiest dat hij over de maan en over de liefde spreekt en verder zijn bek houdt. En zo houdt men dan het beroep, het sociale bestaan van de schrijver lekker in de doofpot; wat zeg ik, in de kist! [Hugo Claus in een interview in: *De Stem*, 5 december 1964]

De heer Declerck, de gouverneur van Antwerpen, betoogde dat het ging om een erkenning van een letterkundige door zijn collega's zelf. Op de manier waarop de keuze gedaan wordt, is niets aan te merken. Bepaalde opvattingen van Claus zei de gouverneur te willen eerbiedigen, en dit sloeg uiteraard op de uitlatingen van Claus over de onderwaardering van de sociale positie van de letterkundige. [*NRC*, 2 november 1964]

Hugo Claus pleit voor het toekennen aan schrijvers van degelijke geldprijzen maar pas enkele maanden geleden zetelde hij zelf in de jury van de Ark-prijs van het Vrije Woord, een prijs waar geen centiem aan verbonden is en die hij trouwens vroeger zelf kreeg. [*Het Laatste Nieuws*, 1 november 1964]

August Beernaertprijs
Deze prijs van de Koninklijke Vlaamse Akademie voor Taal- en Letterkunde, groot 10.000 BEF, werd Claus toegekend voor de roman *De verwondering*.

Het vreemde is: als Claus een prijs aanneemt is dat ook nieuws. De prijs van de academie nam hij wel aan (al is 10 000 fr. nauwelijks nog het maandloon van een handlanger), en zié: dezelfde grote kranten brengen dat nieuws in vetjes, terwijl de namen van de andere laureaten ergens verloren liggen in het perscommuniqué. Daar steekt geen paradox in: als iemand een prijs weigert, wordt het ineens ook zovéél interessanter als hij hem een andere keer niét weigert. [Bernard Kemp in: *DWB*, 1964, p. 676]

HUGO CLAUS ONTVING HENRIËTTE ROLAND HOLST-PRIJS.
- **We wilden eerst een medaille geven maar, daar we niet graag een weigering opliepen, hebben we er maar een geldprijs van gemaakt.**
Tekening uit 't *Pallieterke*, 25 november 1965

1965
Henriëtte Roland Holst-prijs
Prijs van f 1.000 toegekend door de Henriëtte Roland Holststichting voor zijn gehele toneelœuvre. In de jury zaten Pierre H. Dubois, Ben Stroman en Erik Vos.

Het gevaar dat ik in zijn bekroning ruik, ligt in het feit dat een aantal jongens uit de Clausclaque kunnen menen dat het meteen gebeurd is. Dat Claus' definitieve betekenis voor het toneel eindelijk werd erkend en dat een daad van eenvoudige rechtvaardigheid werd gesteld. [Carlos Tindemans in: *De Standaard*, 26 november 1965]

We moeten deze zeer talentvolle nonkomformist nemen zals hij is. Sommige kleine kanten mogen ons zijn werkelijke waarde niet uit het oog doen verliezen. [...] Laat Claus schrijven en onze literatuur in de wereld uitdragen. Hij blijft tenslotte zich zelf, dat is een rasechte Vlaming, ook al weigert hij het etiket. [*De Nieuwe Dag*, 25 november 1965]

1967
Driejaarlijkse Staatsprijs voor Toneelliteratuur

De prijs ter waarde van 125.000 BEF werd voor de periode 1964-1966 toegekend aan Hugo Claus. Volgens de enen, die het bij het rechte eind hebben, gold de prijs *De dans van de reiger* (1962), volgens de anderen, waaronder de auteur, *Uilenspiegel* (1965). De jury bestond uit vier regisseurs, nl. Maurits Balfoort, Jo Dua, Dré Poppe en Walter Tillemans, onder voorzitterschap van de vorige laureaat Jozef van Hoeck.

Het heeft géén verwondering gewekt dat Claus de staatsprijs voor toneel toegewezen kreeg. Ook al gebeurde dit tegen het bestaande reglement in. Tot nu toe kwamen alleen oorspronkelijke werken, gepubliceerd tijdens de periode van drie jaar die de inzendingsdatum vooraf ging, in aanmerking. Ondertussen werd een nieuw reglement opgesteld dat de bekroning van ouder werk zal toelaten. Men heeft – terecht – gemeend dit nieuw reglement toe te moeten passen, ondanks het feit dat het nog niet in het staatsblad verschenen was. Op die manier kreeg de jury de gelegenheid *De dans van de reiger* te bekronen, hoewel het stuk in 1962 gepubliceerd werd. Dit was de enige manier om Claus van de staatsprijs te laten genieten, vermits hij – en dit klinkt misschien eigenaardig – tijdens de vooropgestelde periode van drie jaar géén enkel oorspronkelijk toneelwerk had uitgegeven. [Jan D'Haese in: *Ons Erfdeel*, maart 1968, p. 167]

Was die prijs een verrassing?
Volkomen. Ik hoorde het over de radio. Nee, men zei me dat ik hem voor *Tijl Uilenspiegel* kreeg, niet voor *De dans van de reiger*. Ja, ik heb wel

de indruk dat men mij als toneelauteur voor mijn globaal werk heeft willen bekronen. Om de verwikkelingen bekreun ik me niet. Het is trouwens zo dat ik om de drie jaar die Staatsprijs behoor te krijgen, [...] voor mijn romans, mijn gedichten, mijn toneelwerk. Ik zag me als een aaneenschakeling van staatsprijzen. [Hugo Claus in een interview in: *Het Laatste Nieuws*, 14 december 1967]

Edmond Hustinx-prijs voor Nederlandstalige toneelschrijvers
Officieel de prijs van de organisatiecommissie Contact Nederlandse en Vlaamse Toneelauteurs ter aanmoediging en bekroning van toneel-, radio- en TV-schrijvers uit België en Nederland. Prijs ter waarde van f 1.000 toegekend voor Claus' gehele toneelœuvre. De jury bestond uit Frans Cools, H.C. Dobbelstein, Jan Willem Hofstra (voorzitter), Hans Keuls, Paul van Morckhoven en Nico de Vrede.

Men spreekt wel eens van de vogels van diverse pluimage in de volière van de Nederlandse literatuur: de auteur, de kunstenaar Hugo Claus is in geen enkel kooitje te vangen. Hij [is] nu eenmaal Hugo Claus. [H.J. Michaël van het ministerie van CRM in zijn lofrede geciteerd in: *De Nieuwe Limburger*, 18 december 1967]

1971
Driejaarlijkse Staatsprijs voor Poëzie
De prijs (periode 1968-1970) met een waarde van 125.000 BEF werd toegekend voor de bundel *Heer Everzwijn* (1970). De jury was samengesteld uit Clem Bittremieux, Christine D'Haen (secretaris), Marnix Gijsen (voorzitter), Mathieu Rutten en Jean Weisgerber. De bekroonde bundel bekwam 3 stemmen.

Geen haar op ons hoofd dat er aan denkt, het literair talent van Hugo Claus te minimaliseren, nadat hij zojuist de staatsprijs voor poëzie in de wacht sleepte, zijn derde staatsprijs in zeventien jaar tijds. Deze 42-jarige op Nederland verliefde Westvlaming heeft een oertalent als schrijver; hoe hij het gebruikt, is een andere kwestie. Voor een man die zijn gal voortdurend spuwt op het eigen land, werd hij in elk geval, met geldprijzen en filmsubsidies, reeds ruim in de watten, of beter: op goud gelegd. Maar ook dat is weer een andere kwestie. Wij wensten over de zonderlinge toekenning van staatsprijzen te spreken en over de plompe wijze, waarop men, met deze prijzen, bepaalde verdienstelijke auteurs voorbijgaat. [...] Wij hebben zojuist het lijstje gekontroleerd van de letterkundige staatsprijzen die, met ingang van 1944, in ons land aan nederlandsschrijvende literatoren werden toegekend. Er werden in totaal 38 laureaten aangeduid. [...] In totaal kregen zeven katolieke schrijvers een staatsprijs... [Gaston Claes in: *Gazet van Antwerpen*, 2-3 december 1971]

Ridder in de Kroonorde
Toegekend bij Koninklijk Besluit van 18 oktober 1971 op voordracht van de Minister van de Nederlandse Cultuur Frans van Mechelen.

1973
Driejaarlijkse Staatsprijs voor Toneelliteratuur
De prijs (periode 1970-1972) met een waarde van 125.000 BEF werd toegekend voor het toneelstuk *Vrijdag* (1969). De jury bestond uit Bert van Kerckhoven (voorzitter), Jaak van Schoor, Bert Struys, Carlos Tindemans en Emma Vorlat.

1979
Driejaarlijkse Cultuurprijs van de stad Gent
De prijs, groot 100.000 BEF, is bestemd voor een kunstenaar wiens werk een algemeen Nederlands karakter heeft, prestigieus is en verbonden is met Gent. De jury bestond uit voorzitter R. Vandewege, secretaris A. Wijffels, een lid van de vier grote politieke partijen en uit Pieter G. Buckinx, André Demedts, Karel Jonckheere, Garmt Stuiveling en A. van Elslander. De prijs werd berucht omdat bij de uitreiking slechts een handvol toeschouwers aanwezig was; foto's van een quasi lege raadzaal gingen de pers rond met koppen als "Op eenzame hoogte" en "Hugo Claus, een onbekende?"

Ik ben een routiné waar het gaat om de afwezigheid van belangstellenden. Zeven, acht jaar geleden kreeg ik de prijs van de stad Gent. Ik zou ontvangen worden op het stadhuis, met een buffet van hier tot ginder, met driehonderd glazen. Toen ik er aankwam stelde ik vast dat ik er moederziel alleen was. Een kwartier later arriveerde professor Weisgerber, die geacht werd om mijn œuvre toe te lichten. Hij zei: "Ik geloof niet dat er heel grote belangstelling is." Toen kwam er iemand van de stad, iemand waar ik nog nooit van had gehoord, een of andere ingenieur. Hij overzag de situatie, bracht een hand naar zijn voorhoofd en zuchtte: "Ah neen, hé!" Nog geen vijf minuten later kwam hij terug met vijftien, twintig mensen, mannen. Ze deden in allerhaast hun werkplunjes uit, zetten hun petten af en namen plaats op de stoelen voor de genodigden. Nadat die ingenieur mij dat ding had overhandigd, die prijs, moesten ze met ons op de foto. De officiële foto! [Hugo Claus in een interview in: *Humo*, 27 september 1990]

Driejaarlijkse Staatsprijs voor Toneelliteratuur
De prijs (periode 1976-1978) ter waarde van 200.000 BEF werd toegekend voor de Euripides-bewerking *Orestes* (1976) en voor het toneelstuk *Jessica!* (1977). De jury bestond uit Dina Van Berlaer-Hellemans, Johan Boonen, Guido van Hoof, Jaak van Schoor en Walter Tillemans.

Constantijn Huygensprijs
Jaarlijkse œuvreprijs van de Jan Campertstichting te 's-Gravenhage, groot f 8.000. Juryleden waren Gerrit Borgers, Pierre H. Dubois, Jacques den Haan, Anton Korteweg, André Matthijsse, Harry Scholten en Paul de Wispelaere.

1983
Rolf Liebermann-prijs
Prijs van de Hamburgse Korberstiftung toegekend aan Hugo Claus samen met de componist voor *Georg Faust. Libretto voor een opera van Konrad Boehmer* (1985).

1984
Driejaarlijkse Staatsprijs voor Verhalend Proza
De prijs (periode 1981-1983) ter waarde van 200.000 BEF werd toegekend voor *Het verdriet van België* (1983). De jury bestond uit Marc Andries, Hugo Bousset, Lionel Deflo, Leo Geerts en Jo Verbrugghen (voorzitter). In het juryrapport werd met name het eerste gedeelte van de roman, "Het verdriet", geprezen.

Alsof het noodlot zelf het wou, ik zat voor één enkele keer in een literaire jury. Hebben we toen toch niet *Het verdriet van België* bekroond! Met de Belgische driejaarlijkse staatsprijs! Ik prijs me nog altijd gelukkig dat ik toen in het juryrapport heb laten notuleren dat we eerder "Het verdriet" bekroonden dan [het tweede gedeelte] "Van België", iets wat Claus me kwalijk heeft genomen (zonder te weten dat ik dit in het juryrapport zette, wat hiermee wereldkundig is geworden). [Leo Geerts in: *Vrij Nederland*, 8 april 1989]

Tekening uit *Vrij Nederland*, 10 augustus 1996 van Peter van Straaten

1985
Cestoda-prijs

Jaarlijkse prijs, bestaande uit een gegraveerd bekertje en een vast bedrag van f 53,64 ter bekroning van een auteur die de Nederlandse taal in al haar genres moeiteloos beoefent, toegekend door de eerste winnaar van deze fake-prijs Nico Scheepmaker.

[...] waar ik, op deze traditionele 29e oktober waarop de Cestodaprijs altijd wordt toegekend, nog wel even op wil wijzen is dat Kwaliteit plus Veelzijdigheid de absolute voorwaarden zijn om voor de Cestodaprijs in aanmerking te komen. [...] Toen ik Hugo Claus door de telefoon meldde dat ik, als enig jurylid, hem de Cestodaprijs 1985 had toegekend, zei hij hem met blijdschap te zullen aanvaarden, hoewel hij in principe geen prijzen accepteerde die lager uitvielen dan het maandloon van een arbeider. Een heel goed standpunt, alleen: wie zegt mij dat niet ergens ter wereld f 53,64 als een heel redelijk arbeidersmaandloon wordt beschouwd? [Nico Scheepmaker in: *Nieuwsblad van het Noorden*, 29 oktober 1985]

1986
Prijs der Nederlandse Letteren
Driejaarlijkse œuvreprijs ter waarde van 320.000 BEF ingesteld door de regeringen van Nederland en Vlaanderen en georganiseerd door de Nederlandse Taalunie. De jury bestond uit Tom van Deel, W. Duthoy (secretaris), Kees Fens, A.M. Musschoot, L. Simons (voorzitter), A.L. Sötemann en Paul de Wispelaere.

Als geen ander Nederlandstalig schrijver heeft Hugo Claus in de afgelopen bijna veertig jaar een literair œuvre opgebouwd dat zo zeer gekenmerkt wordt door veelzijdigheid, omvang en kwaliteit. [...] In de meeste van de door hem beoefende genres heeft hij werken voortgebracht die tot het beste behoren dat na de Tweede Wereldoorlog in de Nederlandse literatuur is verschenen. [...] Deze enkele karakteristieken mogen een idee geven van de uitzonderlijke artistieke maat en literaire betekenis van het œuvre van Hugo Claus dat bovendien ook in het buitenland meer en meer wordt gewaardeerd als een geheel eigen bijdrage van de Nederlandse letteren aan de Europese literatuur. [Juryrapport *Prijs der Nederlandse Letteren 1986*]

Uit de handen van koningin Beatrix
ontving de schrijver Hugo Claus
vrijdag 14 november in paleis
Noordeinde in Den Haag de Prijs
van de Nederlandse Letteren. Bij
die gelegenheid sprak de schrijver
bijgaand dankwoord uit, geheel in
dichtvorm.

Maar wat mijn land wel bewaart, is de wildgroei van zijn taal

Majesteit, Koninklijke Hoogheid, Excellenties, Dames
en Heren, dat ik u op dit ogenblik niet vrank en vrij
in de ogen kan kijken en uitleggen waarom ik vereerd ben
met deze Prijs van de Nederlandse Letteren, maar dat ik
mij moet buigen over een blad papier — dat papier dat
mijn leven begeleidt — om een tekst van dankbaarheid af
te lezen, illustreert de wankele
staat van hem die schrijft
en dientengevolge niet kan spreken
want zijn verhouding tot de taal
belet hem de taal open te breken
in de grootste gemene delers,
die van de verstaanbaarheid.
De schrijver luistert naar het paleis,
naar de natuur, naar de straat
maar kan wat hij ondergaat
alleen vernauwen tot cryptogrammen.
Tussen zijn verlangen om te spreken
en de ,,letterlijke" daad waarmee hij tekens geeft
laat hij zich door toeval en noodzaak verlammen.
Eén enkele keer,
uiteraard bij dageraad als iedereen slaapt
is er muziek te horen in zijn noodsignaal.
Ik kom uit een land dat zijn schrijvers erkent,
meestal onder de zoden,
als de naam van een zijstraat
of als een borstbeeld bij een besmette vijver.
Zij die er schrijven en in leven willen blijven
steken meestal hun hand uit
naar het bevriende Nederland
dat Elsschot, Walschap, Boon heeft doen verschijnen
en menig debutant waaronder uw spreker
die Nederland hiervoor dankt.
Maar wat mijn land wel bewaart
is de wildgroei van zijn taal
die eigengereid haar gangen gaat
en tegen de terreur van de klerken.
de eunuchen van de bruikbaarheid,
de economen van de zuiverheid
een erfenis beheert van woorden en wendingen
vertakt in het dagelijks bestaan.
Die taal is geen vreemd lichaam
op het Nederlands geënt,
zij is bestanddeel en meerwaarde.
Net zozeer als de woorden van het Noorden
die door een gril van de geschiedenis

tot het Nederlands zijn uitgegroeid
geeft zij gestalte aan wat de mens
in zijn radeloosheid verzint.
Daarom wil ik de Nederlandse taal
in haar vele gedaanten prijzen,
dat rauw gegorgel, die weerbarstige melodie,
de vrouw en de minnares en de weduwe van de schrijver,
met haar kwalen en luister, haar zang en haar ontrouw,
haar passie en haar kou.
En haar dienaars wil ik prijzen,
de criticus die grabbelt in de wind
als hij afweegt en tracht te doorgronden
wat ons beweegt,
die met zijn wichelroede als een medeplichtige
naar water zoekt in het dorste zand,
dat van ons onvermogen,
de schrijver, die met zijn minimaal gemurmel,
die met zijn overmoed,
die met zijn tandgeknars,
die met zijn angstige bombast,
zij allen enkelvoudig en toch verenigd
in het zacht lawaai dat dromen voedt,
de lezer, die in de verdorring en verdoving
die alom bedreigt,
de schrijver vertrouwt, de tijd van een boek,
en in diens arrogante prietpraat, diens kunstig verraad
een klank opvangt
die hem met zijn dagelijkse doodsstrijd verzoent.
Dit prijzen van mij, het zijn woorden
en daarom wil ik deze prijs van mij verzilveren
met wat de vorige winnaar van deze prijs,
de grote dichter Lucebert over woorden zei:
,,Gevleugeld is het woord
als het zegt wat het is
soms het woordt heeft een enorme snotneus soms
is het de smeerpoets van de blauwkous
maar vaker mager
het woord is een arm mannetje in de nacht".

Hugo Claus

Tekst uit *Elseviers Magazine*, 22 november 1986

Volgens de jury die de prijs van 1986 toekende heeft Hugo Claus in een reeds lange literaire loopbaan een veelheid aan genres beoefend die hem zowel in het proza als in de poëzie en het toneel bestempelen tot een auteur van de allereerste rang. Over dit oordeel valt niet te twisten, maar wel wordt thans ook meer en meer door critici gewezen op de zwakke elementen in het œuvre van Claus, die, zoals tegenwoordig ook met andere Nederlandstalige schrijvers gebeurt, een beetje alles mag publiceren wat hij kwijt wil, ook als dit nauwelijks van een publiceerbaar niveau blijkt te zijn. [Anoniem in: *Jaarboek Vlaamse Literatuur 1986*, Uitgeverij Grammens, Brussel, 1986, p. 20-21]

Het [feit dat de onderscheiding nu wordt toegekend] wijst erop dat het einde van mijn carrière in zicht is. Het is goed voor mijn adrenalinegehalte. Maar ik had het erger gevonden als de prijs me tien jaar later was toegekend. Dan was het echt afgelopen. Nu heb ik nog tien jaar te gaan voor de Nobelprijs. [Hugo Claus in een interview in: *De Volkskrant*, 4 juli 1986]

Herman Gorter-prijs
Jaarlijkse poëzieprijs, groot f 10.000, door het Amsterdams Fonds voor de Kunst toegekend voor de bundel *Alibi* (1985). De jury bestond uit Guus Middag, Adriaan Morriën en Martin Reints.

Er zijn weinig dichters die zich zo'n geduldige poëzieopvatting kunnen of durven veroorloven, en er zijn dan ook weinig dichters die zulke vitale gedichten schrijven als Claus. *Alibi* is dientengevolge een wisselvallige, maar vooral een afwisselende bundel. Claus bedrijft de poëzie in alle mogelijke standen. [Juryrapport, 22 mei 1986]

1987
Achilles van Acker-prijs
Tweejaarlijkse prijs (periode 1986-1987) ter waarde van 150.000 BEF, toegekend door de Achilles van Acker-stichting voor, zoals het juryrapport stelt, "de sociale bewogenheid" die "grote gedeelten van zijn œuvre kenmerkt".

Omdat de tijd zoals U allen weet
Snel gaat
en de herinnering nog sneller vergeet
moet wie hier voor u staat enkele tellen
van zijn snel vergaan
stilstaan om te eren
de man van deze prijs: Achille Van Acker

Zijn excellente daden zijn u allen bekend.
Ik wil op dit moment voornamelijk
onthouden
dat hij een Koning van zijn troon heeft
weggehouden
en toen diens zoon heeft getolereerd
maar dat hij zich ook met de majesteit
van onze steenkool
heeft beziggehouden,
een zinniger bezigheid.

Er vielen mij een aantal prijzen ten deel,
ik weet het, beter dan u, veel te veel
en een nog verwaander dichter dan ik
zou een ogenblik kunnen geloven
dàt die prijzen terecht zijn terechtgekomen
en dat hij verder is geraakt
dan het stadium van veelbeloven.
De kunst is tot je laatste snik
blijven beloven.

Onder die prijzen zijn er een paar,
ik weet het precies, het zijn er zes,
mij gegeven door de Staat waarin wij leven.
Het past niet om een gegeven
paard in de bek te kijken, dus wat deed ik?
Ik heb mij zes keer beperkt
tot een onbeschaafd gemummel
en het opstrijken van de check.
Want ook de mondjesmaat van onze Staat
(voor kultuur vleugellam)
helpt op den duur de dichter aan zijn
boterham.

Deze prijs evenwel
genoemd naar een verre vriend,
een dokwerker die eerste minister wordt
een uitgever die na zijn dood
nog een schrijver aanport,
deze prijs wil ik hebben verdiend.
Daarom doet met dit wankel gedicht
deze berooide rakker
voor één keer zijn burgerplicht
en dankt Achille Van Acker.

HUGO CLAUS

Dankwoord in dichtvorm uit *Vlaams Weekblad*, 6 maart 1987 n.a.v. de toekenning van de Achilles van Acker-prijs

Prijs van de Vlaamse Lezer
Prijs ter waarde van 150.000 BEF toegekend op basis van een enquête in de boekhandels van Het Volk, VTB-VAB en De Standaard voor de roman *Het verdriet van België.*

1989
Humo's Gouden Bladwijzer
Onderscheiding op basis van een enquête bij lezers van het weekblad *Humo* ter waarde van 100.000 BEF voor de roman *Het verdriet van België.*

Grand Prix de l'humour noir
De Franse prijs "le XXXVIe Grand prix de l'humour noir Xavier Fonneret" werd in de eerste ronde unaniem toegekend aan "l'humoriste [sic] belge Hugo Claus pour son roman *L'espadon*, aux éditions de Fallois-L'âge d'homme et pour son receuil de nouvelles *L'amour du prochain*, paru aux éditions Maren Sell". [*L'Ardennais*, 15 november 1989]

1994
Gouden Erepenning van de Vlaamse Raad
Claus heeft bedankt voor deze jaarlijkse bekroning uitgereikt aan personen of verenigingen die zich langdurig en aanwijsbaar verdienstelijk hebben gemaakt voor de geestelijke of materiële ontplooiing of voor het welzijn of de welvaart van de Vlaamse gemeenschap.

Alle leden van de Raad mogen suggesties doen en de mogelijke laureaten worden vooraf gepolst. Antwoordend op een voorstel van de Raad schreef Claus een brief aan voorzitter Eddy Baldewijns waarin hij op "zeer literaire wijze" liet weten dat hij de prijs liever naar iemand anders zag gaan. Bij de Vlaamse Raad wordt benadrukt dat het zeker niet om een botte weigering ging. [*De Standaard*, 10 mei 1994]

VSB-poëzieprijs
Jaarlijkse poëzieprijs van de Stichting Verenigde Spaarbankenfonds, groot f 50.000. De jury, die bestond uit Hugo Brems

(voorzitter), Wiel Kusters, Huub Oosterhuis, Barber van de Pol en Agaat Witteman, koos de bundel *De sporen* (1993) uit zeven genomineerde werken.

1995
Prijs voor Meesterschap

Vijfjaarlijkse prijs ingesteld door de Maatschappij der Nederlandse Letterkunde te Leiden voor in de loop van de tijd bewezen meesterschap op literair of cultuurhistorisch gebied. Deze prijs werd Claus toegekend voor zijn gehele œuvre door een jury samengesteld uit Hugo Brems, Kester Freriks, Anton Korteweg (voorzitter) en Rudi van der Paardt.

In bijna vijftig jaar [...] heeft Hugo Claus een œuvre geschapen dat in omvang en variëteit zijn weerga in de moderne Nederlandse letterkunde niet kent. [...] In drie genres behoort het werk van Claus tot de absolute top van onze literatuur. In de eerste plaats is hij een dichter van groot formaat [...]. Een kameleontische diversiteit vertoont Claus ook in zijn fictionele proza. [...] Dat het uitgebreide toneelwerk van Hugo Claus in het Nederlandse taalgebied op eenzame hoogte staat, is nauwelijks voor discussie vatbaar. Ook hier springt de verscheidenheid in het oog [...]. Het is geen wonder dat zo'n uitgebreid en veelzijdig œuvre, waarin zovele tradities en genres samenkomen, een schare van studieuze essayisten en onderzoekers heeft aangetrokken. Ook dat is kenmerkend voor deze Meester: hij heeft "academisch personeel". Hoezeer dat er ook in is geslaagd vaste patronen in dit werk te ontwaren en te ontwarren en voor eenvoudige lezers en kijkers vergezichten heeft geopend, men kan allerminst beweren dat de jacht op deze Proteus van de moderne Nederlandse letterkunde is beëindigd. Uiteindelijk onttrekt dit œuvre zich aan definitieve beschrijving, inkadering en rubricering, al was het alleen maar omdat Hugo Claus met elke nieuwe dichtbundel of roman en ieder nieuw verhaal of toneelstuk zelfs de gediplomeerde vorsers in verwarring brengt. [Juryrapport in: *Jaarboek van de MNL te Leiden 1993-1994*, p. 207-209]

1997
Libris Literatuurprijs

Prijs gesponsord door de Libris-boekhandels ter waarde van f 100.000, toegekend voor de roman *De geruchten* (1996) door een jury bestaande uit Graa Boomsma, Wim Dik (voorzitter), Dick van Halsema, M. van Paemel en Hanneke Wijgh.

Omdat ons land weinig of geen literair talent heeft in de laatste twintig, dertig jaar en omdat waar wel talent is, zoals bij Van Wilderode, andere dan letterkundige argumenten worden uitgevonden om dat te negeren, daarom loopt een meute van zogenaamde critici en recensenten achter Claus aan. [...] Deze bekroning van Claus is dus de bekroning van onze armoede. Er is niemand in Vlaanderen die het meesterschap van Claus betwist; helaas zijn er teveel, zo niet uitsluitend mensen die hem voor elke wind [...] bewieroken en voor elk armzalig boek de Nobelprijs toekennen. [...] En dan die hele mikmak rond de bekroning van Claus. De jury had het over *De geruchten* als "een meesterlijke, vileine (sic), poëtische en barmhartige roman". Claus zelf liep rond als een clown en verkneukelde zich over zijn narrengevolg, hij stak de ene boertigheid na de andere boutade af: "De jury heeft het slechtste boek bekroond", hij beschreef zelf "*De geruchten*: het schamelste werk van alle". Hij bestond het nog de waarheid te zeggen: "De jury heeft eerder de ijver dan het talent bekroond." [M.D. in: '*t Pallieterke*, 28 mei 1997]

Prix International Pier Paolo Pasolini
Prijs ingesteld door de schrijver Kazik Hentchel, toegekend aan een veelzijdig kunstenaar door een jury bestaande uit 24 leden, waaronder Fernando Arrabal, John Boorman, Klossowski, Gabriel Matzneff, Raoul Ruiz, Roland Topor en François Weyergans. Aan de prijs is geen geldsom verbonden, wel een beeldje van Topor en een gravure van Jean Miotte.

Humo's Gouden Bladwijzer
Onderscheiding op basis van een enquête bij lezers van het weekblad *Humo* ter waarde van 100.000 BEF voor de roman *De geruchten*.

1998
Aristeion Literatuurprijs
Prijs ingesteld door de Europese Unie ter waarde van 20.000 ecu, toegekend aan Claus voor de roman *De geruchten*.

Volgens de jury verdient *De geruchten* de prijs omdat het een "indrukwekkend verhaal" is. "Het wordt een exempel van onze constante nood om zondebokken te vinden en de waarheid te ontlopen. Wat in een Belgisch dorp gebeurt, kan overal voorvallen in een Europa waar de desillusie en de angsten van de twee wereldoorlogen en het kolonialisme nog rondwaren." [*De Standaard*, 29 september 1998]

1999

Driejaarlijkse Cultuurprijs van de Vlaamse Gemeenschap voor de bekroning van een schrijversloopbaan

De prijs, waaraan een bedrag verbonden is van 1 miljoen BEF, werd toegekend door een jury die bestond uit Hugo Brems, Gust Gils (voorzitter), A.M. Musschoot, Marc Reynebeau en Mark Schaevers.

Volgens de jury kan Hugo Claus terugblikken op een halve eeuw van grensverleggend werk op het gebied van zowel poëzie, proza als toneel. [...] Minister Martens noemde Claus gisteren "zonder enige twijfel de meest gelauwerde auteur uit de Nederlandstalige literatuur", die "voor een groot deel het uitzicht van onze naoorlogse letteren bepaald heeft". [*De Morgen*, 20 maart 1999]

Een zo evidente eer dat je je afvraagt waarom de schrijver bij vorige edities "vergeten" werd. In 1986 werd Hugo Claus bekroond met de Grote Prijs der Nederlandse Letteren. Wellicht speelde dat een rol om hem daarna niet meer in aanmerking te nemen voor de loopbaan-prijs. [...] Aan Radio-1 zei hij dat hij er vooral "een aansporing" in ziet. [*De Standaard*, 20 maart 1999]

Literatuur

- Hubert Michaël, Dorine Raaff en Aart Hoekman (red.), *Nederlandse literaire prijzen 1880-1985*, Staatsuitgeverij, 's-Gravenhage, 1986, 368 p.
- Frans Heymans, "Hugo Claus in/ en de prijzen", in: Johan Decavele (red.), *Hugo Claus 65*, Stadsarchief/ Museum Arnold Vander Haeghen/ Poëziecentrum, Gent, 1994, p. 97-104.

Loven

De Metsiers is het werk van een van de talentvolste jonge schrijvers in onze taal. [H.A. Gomperts in: *Het Parool*, 12 september 1951]

Vier en twintig jaar – en rot van talent […]. [Maurice Roelants in: *Elseviers Weekblad*, 13 december 1952]

Hugo Claus lijkt mij een van de meest-belovenden […]. [Jan van Nijlen in: *Het Parool*, 6 november 1954]

[…] misschien […] het eerste Vlaamse oorspronkelijke natuurtalent na Gezelle [Theo Govaart in: *De Nieuwe Eeuw* (?), 1955]

Er valt niet aan te twijfelen of Hugo Claus is een van de talenten van de jongere generatie. [Jeanne van Schaik-Willing in: *De Groene Amsterdammer*, 15 oktober 1955]

Met zijn laatste gedichtenbundel *De Oostakkerse gedichten* heeft Hugo Claus wel definitief bewezen, een dichter van ongewone betekenis te zijn, die ver boven zijn generatiegenoten uitsteekt. [Paul Rodenko in: *Nieuwe Rotterdamse Courant*, 17 december 1955]

Toen *Het lied van de moordenaar* ten einde was, barstte een luid applaus los, dat geruime tijd aanhield en ten leste in het bijzonder naar de schrijver zelf en de hoofdrolspeler, Pim Dikkers, uitging. [*Nieuwe Rotterdamse Courant*, 25 maart 1957]

Hugo Claus heeft [met *Onder het melkwoud*] een vertaling tot stand gebracht van zo uitzonderlijke kwaliteit, dat een kunstwerk van zelfstandige waarde op de basis van een Engelse tekst is ontstaan. [B. Stroman in: *Algemeen Handelsblad*, 3 mei 1958]

Op nog geen dertigjarige leeftijd heeft de Vlaamse auteur Hugo Claus een meesterstuk voor het toneel afgeleverd. [E. De J. in: *De Telegraaf*, 24 november 1958]

Sinds de nu 29-jarige Hugo Claus als Vlaams wonderkind werd ontdekt, heeft hij er wel overduidelijk blijk van gegeven een meester op alle literaire wapens te zijn. [J.H.W. Veenstra in: *Vrij Nederland*, 10 januari 1959]

Hugo Claus is de meest spectaculaire omdat hij zo jong en zo begaafd is. [Marnix Gijsen in: *Het Laatste Nieuws*, 26 maart 1959]

Neem maar eens wat Andrea Domburg over ons toneel zei: "Hugo Claus was nodig om te bewijzen dat hier ook toneelstukken geschreven kunnen worden." [Peter Nijman in: *Het Parool*, 9 juli 1959]

Men mag wel eens teleurgesteld zijn in de moderne toneelschrijfkunst. Hier is dan een talent, dat behalve dankbaar stemt, ook bemoedigt. [W.J. Eelssema in: *De Noord-Ooster*, 28 september 1959]

Van de duivelskunstenaar Hugo Claus is deze *Verwondering* iets van het mooiste en machtigste dat hij geschreven heeft. [L.P. Boon in: *Vooruit*, 8 november 1962]

Het komt niet zo heel vaak voor, dat men uit Nederland of Vlaanderen een roman te bespreken krijgt, waarin zoveel genialiteit steekt als in *De verwondering* van Hugo Claus. [C. Bittremieux in: *De Nieuwe Gids*, 8-9 december 1962]

De nieuwe roman van Hugo Claus *De verwondering* […] noem ik een meesterwerk, in het volle bewustzijn dat die eretitel in de Vlaamse literatuur slechts bij hoge uitzondering kan gebruikt worden. [Paul de Wispelaere in: *De Vlaamse Gids*, december 1962, p. 812]

Hugo Claus is groot, Hermans niet. [Anton van Duinkerken in: *Vrij Nederland*, 5 januari 1963]

Hugo Claus is ongetwijfeld de grootste der moderne, Nederlandstalige schrijvers. [*Leeuwarder Courant*, 2 maart 1963]

Hugo Claus is een groot schrijver; zo een hebben wij hier in Holland niet. [Simon Vestdijk in: *Het Parool*, 11 december 1965]

[*Thyestes*] is een theatergebeurtenis geworden, stammend uit de donk[e]re krochten van een diep pessimistisch wereldbeeld, en men maakt in ons taalgebied maar zelden een eigen theatergebeurtenis mee. [Jan Spierdijk in: *De Telegraaf*, 28 april 1966]

Ik hou veel van Claus, vind ik een erg mooie schrijver. [Remco Campert in: *Muze-n-Express*, mei 1966]

Claus is een cultuurdrager met brede schouders en een cultuurmaker van grote kracht en virtuositeit, maar vooral toch van kracht en onomwonden, gedurfde, oorspronkelijke visie. [Jan Wintraecken in: *Eindhovens Dagblad*, 23 augustus 1968]

Claus is een produktief beroepsschrijver die roman, toneel en poëzie aankan [...] een unicum in Vlaanderen, tot spijt van wie zijn œuvre benijdt. [Piet Sterckx in: *Het Laatste Nieuws*, 7 oktober 1969]

Hugo Claus heeft niet alleen als auteur maar ook als regisseur getoond van grote klasse te zijn. Zijn *Vrijdag* verdient het ten volle opgenomen te worden in het kleine aantal van Nederlandstalige toneelstukken van internationaal niveau. [Cor de Back in: *De Standaard*, 19 november 1969]

En Claus? De zaal juichte toen hij aan het slot op het toneel verscheen. En terecht. Hij heeft met *Vrijdag* vooralsnog zijn meest volwassen prestatie geleverd. Zijn hang om mensen nabij te zijn heeft hem inspiratie en meesterschap gebracht. [A. Koolhaas in: *Vrij Nederland*, 22 november 1969]

Je moet nooit kinderachtig zijn met superlatieven, dus *Vrijdag* van Hugo Claus is het beste toneelstuk in de Nederlandse taal sinds 1636. [Hopper in: *De Volkskrant*, 26 januari 1970]

[...] een feit is dat de Vlaming Hugo Claus zowel met *Vrijdag* als met *De Spaanse hoer* een weg heeft geëffend voor de Nederlandse toneelschrijvers, die hem op dit pad graag wilden volgen. [Staf Knop in: *Het Laatste Nieuws*, 19 maart 1970]

Met de concieze en volkomen vormgeving van enkele essentiële obsessies, die duidelijk tot zijn meest persoonlijke problemen horen, heeft Hugo Claus [met *De verzoeking*] een klein meesterwerk geschreven. [Jaap Goedegebuure in: *Haagse Post*, 16 mei 1981]

Een dun boekje en nochtans een indrukwekkend prozawerk van Hugo Claus: *De verzoeking*. [Nicole Verschoore in: *Het Laatste Nieuws*, 29 mei 1981]

Met *Het haar van de hond* schreef Claus een prachtig stuk. [Dirkje Houtman in: *Trouw*, 18 maart 1982]

Het verdriet van België is een van de mooiste Nederlandse boeken die ik ooit heb gelezen. Ook waar het iets minder is, is het perfect. [Carel Peeters in: *Vrij Nederland*, 26 maart 1983]

Claus heeft [met *Het verdriet van België*] een boek geschreven dat het verdient om nog jaren besproken te worden. [Tom van Deel in: *Trouw*, 31 maart 1983]

[*Het verdriet van België* is] een adembenemende en informatieve roman, schitterend van taal (dat kunst-Vlaams van Claus!) en humor, en geen pagina te dik. [Wam de Moor in: *De Tijd*, 1 april 1983]

Dat aan de Vlaamse bodem na Boon nog zo'n boek [als *Het verdriet van België*] kon ontspruiten, het is ondanks alles een groots eerbetoon van de schrijver aan zijn land. [Jaap Goedegebuure in: *Haagse Post*, 2 april 1983]

Niet allen zullen zo lang herdacht worden als hij met zijn drie absolute meesterwerken, het toneelstuk *Vrijdag*, de onvergetelijke roman *De verwondering* en het ongeëvenaarde *Verdriet van België*. [Gerard Walschap in: *DWB*, juli-augustus 1984, p. 448]

Hugo Claus heeft [met *Blindeman*] weer iets heel speciaals gemaakt. [N. Verschoore in: *Het Laatste Nieuws*, 4 maart 1985]

Ik vind Claus een groot auteur, en veel mensen *willen* dat niet vinden. Daarom laat ik geen kans voorbijgaan om te zeggen hoe goed die man wel is. [Hugo Van den Berghe in: *Humo*, 3 oktober 1985]

[...] ik heb ook nogal bewondering voor de dezer dagen nogal vaak verguisde Hugo Claus, vanwege zijn bekende teorie dat kwantiteit kwaliteit baart. [Marc Didden in: *De Morgen*, 2 januari 1986]

In [een] interview [...] zei Claus vast van plan te zijn nog eens een boek van het kaliber van *Het verdriet* [*van België*] te schrijven over de jaren tachtig. Ik ben er, na deze verhalenbundel [*De mensen hiernaast*] vrij zeker van dat dat dan een even formidabel boek zal worden. [Cyrille Offermans in: *De Groene Amsterdammer*, 22 januari 1986]

Wat Jean-Marie Pfaff is voor het nationale voetbal, is Hugo Claus voor de nationale letteren. [MvN in: *De Standaard*, 3 juli 1986]

Claus is zo overrompelend aanwezig dat het lezen van zijn boeken daardoor bemoeilijkt wordt. De aanwezigheid van de schrijver staat de onbevangen perceptie van zijn werk in de weg [...]. Claus is erin geslaagd de rollen om te draaien. Een jury die hem een literaire prijs toekent, bekroont eigenlijk zichzelf. [Walter van den Broeck in: *Vrij Nederland*, 8 april 1989]

Een van de aardigste dingen van Claus is dat hij naast *Het verdriet van België* ook de onbegrijpelijke roman *Schaamte* durft te schrijven, naast het fragiele *Een bruid in de morgen* ook de holle buiklach van *Leopold II*, naast het uit veel taalmarmer opgetrokken *Graf van Pernath* ook de absolute knittelmeligheid van *Almanak*. [Herman de Coninck in: *Vrij Nederland*, 8 april 1989]

Hij is de superspits, die desnoods een half seizoen uit vorm mag zijn, maar die je toch blijft opstellen omdat hij vroeg of laat een paar fantastische doelpunten scoort. [Tom Lanoye in: *Vrij Nederland*, 8 april 1989]

Ik heb geen voorkeuren in het werk van Hugo Claus. Ik bewonder het al die jaren lang zonder enige restrictie. Ik ben een weerloze fan van Hugo Claus. [Remco Campert in een interview in: *De Gelderlander*, 1 april 1994]

Wie zich mee wil laten slepen door een "met handen en voeten" verteld verhaal, een van de beste Nederlandse romans van de laatste twintig jaar, die kan het stellen met [...] *Het verlangen*. [A.F.Th. van der Heijden in: *NRC Handelsblad*, 16 september 1994]

Poëzie is de grootste van alle kunsten. En Claus is een van de allergrootste dichters. [Roel D'Haese in: *Panorama/De Post*, 13 oktober 1994]

Maar wat een artistieke topprestatie is Claus' laatste roman. [Jan-Hendrik Bakker in: *Haagsche Courant*, 18 oktober 1996]

Honen

Ik heb zijn *Metsiers* een niet onaardig boek gevonden. [...] En nu verschijnt zijn boek *De hondsdagen*. En hoe aandachtiger ik het las hoe duidelijker het mij werd, dat Claus nog steeds geen romanschrijver is in de ware zin van het woord. [Boontje in: *Vooruit*, 17 januari 1953]

[...] *De Metsiers* en *De hondsdagen* hadden niet uitgegeven moeten worden. Niemand is daarmede gebaat. De schrijver wel het allerminst. Hij gaat, met het gebrek aan zelfkennis waar de macht van de jeugd op berust, zich verbeelden dat hij "er is". [Jan Greshoff in: *Het Vaderland*, 11 april 1953]

Hier en daar komen in [de dichtbundel *Een huis dat tussen nacht en morgen staat*] enkele regels voor, die door poëtische taalschoonheid treffen. De rest hoort thuis in de scheurmand. [Albert Westerlinck in: *DWB*, juli 1953, p. 446-447]

Hugo Claus is het slachtoffer geworden van de kritiekloze overdrijving welke onder de vakkundige benaming schuimkloppen, con brio, beoefend wordt. [...] Wonderkinderen worden in de loop der jaren belachelijk. Hugo Claus is nu in de letterkunde der Zuidelijke Nederlanden een groot man, en daar staat hij met zijn geweldige afmetingen en zijn bescheiden, ja peti[e]terig talent als een enorme vaas met onderin één rumboon. [Jan Greshoff in: *Het Vaderland*, 24 september 1955]

De koele minnaar [...] heeft bij mij zeer gemengde gevoelens gewekt. [Maurice Roelants in: *Elseviers Weekblad*, 16 februari 1957]

Het is voor ons onbegrijpelijk, dat een schrijver als Claus, wiens *Bruid* een gebeurtenis was, wiens eerste romans *De Metsiers* en *De hondsdagen* op zo hoog peil stonden, nu achtereenvolgens eerst de kitschige roman *De koele minnaar* kan schrijven en vervolgens dit kitschige toneelstuk *Het lied van de moordenaar.* [v.d.V. in: *Algemeen Dagblad,* 25 maart 1957]

Achter de furore voor Hugo Claus zie ik ook wel veel snobisme. [J. van Nieuwenhuizen van uitgeverij Boucher in: *Algemeen Dagblad,* 1 maart 1958]

Wie [...] *De zwarte keizer* ter hand neemt, moet erop voorbereid zijn dat dit boek voor driekwart uit rommel bestaat. [...] *De zwarte keizer* telt 249 bladzijden; men had met 67 kunnen volstaan. [Hans van Straten in: *Het Vrije Volk,* 14 februari 1959]

Claus zijn literaire werk is inderdaad halfslachtig. Elk van zijn werkstukken is, hoe lezenswaard ook, een produkt van enerzijds groot talent en aanzienlijke vakkennis, anderzijds goedkope kitscherigheid en brutale schmiere. [G.K. van het Reve in: *Tirade,* 1959]

Mama, kijk, zonder handen! is een misgreep geworden. [G.K. van het Reve in: *Tirade,* januari 1960]

Zou Hugo Claus er niet beter aan doen het vertalen van Engelse literatuur in het vervolg over te laten aan mensen die het kunnen? Zou De Bezige Bij niet beter kunnen letten op wat zij uitgeeft? En zouden de heren recensenten niet eens het origineel willen lezen als ze een vertaling beoordelen? [Rudy Bremer in: *Tirade,* juni-juli 1960]

Zo'n groot talent, maar jammer dat hij zich zo aanstelt. [*Televizier,* 6 januari 1962]

Had de uitgever het manuscript [van *De verwondering*] maar gelezen. Dan zouden er van de 242 pagina's misschien enkele tientallen zijn overgebleven, die de moeite van het lezen waard zijn. [Dng in: *Algemeen Dagblad,* 10 november 1962]

Deze *Oedipus* van Claus en De Boer verdient het, wat mij betreft, zo snel mogelijk te worden vergeten. [Ben Bos in: *De Nieuwe Linie*, 27 mei 1971]

Laten we maar eerlijk wezen: *Schaamte*, de nieuwe roman van Hugo Claus is een boek waar je vrijwel niets mee beginnen kunt. [Hans Warren in: *Provinciale Zeeuwse Courant*, 13 mei 1972]

Waren zijn boeken doorgaans geschreven op een vrij select publiek, met [...] *Het jaar van de kreeft* [...] pakt hij het hele publiek. Een boek, dat ook zou kunnen heten *De verloedering van Hugo Claus*. [Henk Egbers in: *De Stem*, 11 november 1972]

In elk geval vond ik in deze [...] bundel [*Figuratief*] niets om er zelfs maar een moment recht voor te gaan zitten. [...] Flink wat woorden aanslepen en vervolgens op een rij zetten is niet voldoende om een gedicht te schrijven. [Rudi Boltendal in: *Leeuwarder Courant*, 8 juni 1974]

[...] spijts al zijn talent heeft Claus 1 zwak punt: tekort aan zelfkritiek. [Paul Snoek in: *Humo*, 29 april 1976]

[...] *Jessica!*, zijn laatste produkt, daar kan geen mens wat mee beginnen [...]. [Wam de Moor in: *De Tijd*, 3 februari 1978]

Claus mag dan na de modieuze romans *Schaamte*, *Het jaar van de kreeft* en *Jessica!* [met *Het verlangen*] teruggekeerd lijken te zijn naar de Vlaamse sfeer van *Omtrent Deedee*, meer dan een kitscherige Fellini-achtige revue heeft hij er niet van gemaakt. [J.F. Vogelaar in: *De Groene Amsterdammer*, 31 mei 1978]

Daar heb ik nooit enige bewondering voor gehad, dat is de grootst mogelijk overschatte figuur die er bijloopt. [...] Hugo Claus, een heel slimme boer, weet je wel... is nu 55 of 54, geloof ik, en speelt *nog* het Wonderkind. [Jan Cremer in: *Knack* (?), z.d.]

Is dit stuk [*Het haar van de hond*] inderdaad meer dan een even onwaarschijnlijk als spanningloos melodrama over het trieste lot van een vrouw van lichte zeden? [Henk Scholten in: *Nieuwsblad van het Noorden*, 25 maart 1982]

Het verdriet van België is [...] een veel te lang aangehouden klaagzang van een humeurige jongen. [...] Honderden korte stukjes, allemaal met dezelfde toon, dezelfde belichting van de personages, dezelfde onderwerpen, en zonder dramatische samenhang – daar lijkt me zelfs de meest welwillende lezer niet tegen bestand. [K.L. Poll in: *NRC*, 18 maart 1983]

Zo is er veel meer in *Het verdriet van België* te ontdekken – het is echter de vraag of de teleurstellende kwaliteit van deze roman de moeite om dat allemaal uit te zoeken rechtvaardigen zou. [Hans Warren in: *Provinciale Zeeuwse Courant*, 16 april 1983]

Ik schat dat er met de leesbare gedeelten van *Het verdriet van België* wel een boekje van honderd bladzijden vol te krijgen is. [Freddy de Schutter in: *De Standaard*, 16-17 april 1983]

Wat ter wereld is het nut van een vers als [uit de bundel *Alibi*] "een waarheid als een koe die staat te schijten in de mist"? Welke lezer, in wie de laatste resten gezond verstand en gevoel voor humor na twintig jaar Claus-indoktrinatie nog niet ten onder zijn gegaan, kan dit met een ernstig gezicht ten einde toe lezen? [Freddy de Schutter in: *De Standaard*, 8 februari 1986]

De opvoering zelf [van *Het schommelpaard*] is trouwens weinig méér dan een kwalijke grap. [Fred Six in: *De Standaard*, 3 december 1988]

[...] over Paus Claus ben ik helemaal niet te spreken. Van het begin af aan is hij een soort literaire grootindustrieel geweest. [Willem Frederik Hermans in: *Snoeck's 90*, 1989, p. 108]

In zijn poëzie lijkt hij mij [...] het slachtoffer van zijn talent dat erg faciel en ongelijkmatig is. [Dirk van Bastelaere in: *Vrij Nederland*, 8 april 1989]

Claus is volkomen overschat. Zeker de laatste tien jaar heeft hij weinig goeds geschreven. [...] Alles wat hij doet is ineens belangrijk. [...] Men heeft het hier ook altijd over de flair van Claus. Volgens mij heeft een betonmolen meer uitstraling. [Herman Brusselmans in een interview in: *Het Parool*, 16 oktober 1993]

Claus is uitgeblust. Na *Het verdriet* was het páts, afgelopen! Er zit geen vlees meer aan zijn botten. En nu is hij ook nog helemaal heilig verklaard door die linkse bende. Verschrikkelijk! [Guido Lauwaert in: *Panorama/De Post*, 13 oktober 1994]

Het verzamelde toneelwerk van Claus lezen, is een zware teleurstelling. Een zeldzaam stuk houdt zonder bedenkingen stand, op aangename verrassingen ben ik nauwelijks getracteerd geweest. [Bart Meuleman in: *Etcetera*, juni 1995]

De schrijver van het goddelijk rondzingende *Omtrent Deedee* mag alleen daarvoor al een Nobelprijs krijgen. Een œuvre van 120 pagina's, wat zou het. Maar laat hij het niet nog pijnlijker maken. Laat hij verder zwijgen. Of wachten tot hij werkelijk wat te zeggen heeft. Kan iemand uit de hofhouding dat misschien op tactische wijze overbrengen? [Joost Niemöller in: *De Groene Amsterdammer*, 16 oktober 1996]

De beheersing is inderdaad ver te zoeken, met als belangrijkste oorzaak dezelfde waardoor de vorige roman *Belladonna* (1994) in een flauwe exercitie ontaardde: Claus houdt geen maat als hij aan het geiten slaat. [Arjan Peters in: *De Volkskrant*, 18 oktober 1996]

Na twee volledig mislukte boeken [*Belladonna* en *De geruchten*] is de neiging groot om te zeggen: flauw, flauwer, Claus. [Hans Warren in: *Provinciale Zeeuwse Courant*, 18 oktober 1996]

Tekeningen van GAL

Overschrijven

In 1948 publiceerde de in New Orleans geboren schrijver Truman Capote zijn eerste roman *Other Voices, Other Rooms*. In datzelfde jaar of een jaar later [...] schreef Hugo Claus *Het mes*. [...] Een aantal jaren geleden heeft de litteraire medewerker van de *NRC* [...] opgemerkt dat er een verwantschap bestaat tussen de twee schrijvers. In *Het mes* vindt men zoveel motieven uit *Other Voices, Other Rooms*, dat een vergelijking de moeite loont. [*Pharetra*, 18 juni 1965]

Op een avond ontmoette ik Raymond Herreman en hij zei mij dat de jury van de Leo Krijn-prijs verveeld zat met een boek, de *Metsiers*, van een zekere Hugo Claus, die niemand kende. Het handschrift was goed, maar was er geen plagiaat mee gemoeid? Ik zei dat ik Claus kende omdat we samen op de *Soldatenpost* zaten. We spraken af en een paar dagen later zaten we samen in een bekend, thans verdwenen Brussels café op het Brouckèreplein, en gedurende een drietal uren antwoordde Hugo Claus op alle vragen van Raymond Herreman en hij kende natuurlijk Faulkner en Caldwell, maar wijzer was de oudere dichter nadien niet inzake plagiaat of zo. [Herman Liebaers, *Meestal in opdracht*. M. Nijhoff, 's-Gravenhage-Antwerpen, 1982, p. 24]

Vanwaar komt bijvoorbeeld de weerbarstigheid tegenover de buitenlandse "ismes", tenzij van een bleke, sidderende bloedarmoede? Ismes kunnen toch als klankbord gebruikt worden en herleid. [Hugo Claus in een programmatische verklaring in: *De Vlaamse Gids*, januari 1951, p. 63]

Herman Teirlinck roemt in zijn voorwoord tot de brochure "de nieuwheid van een geboorte" ter motivering. Wanneer Teirlinck bij die nieuwheid zijn blik tot de horizon van ons eigen taaleigen beperkt, heeft hij wellicht gelijk. In Vlaanderen en Nederland is

[*Een bruid in de morgen*] inderdaad een nieuw geluid. Maar er is geen bladzijde in de tekst die niet onweerstaanbaar aan de Amerikaanse schrijver Ten[n]essee Williams doet denken. In meer dan één opzicht is de gelijkenis met *Glass Menagerie* of met *Streetcar named Desire* frappant. [Luc Vilsen in: *DWB*, februari 1956, p. 114-115]

Het in dit nummer van *Randstad* gepubliceerde gedicht *In* [sic] *het teken van de hamster* is niet fragmentarisch; het bevat plagiaat van Dante, Victor Hugo, Ovidius e.a. [tekst opgenomen bij de voorstelling van de medewerkers aan *Randstad 5*, Lente 1963, p. 6]

Het is naar aanleiding van het verschijnen [in het tijdschrift *Randstad 5*] van het tamelijk uitgebreide gedicht *Het teken van de hamster* door Hugo Claus, dat we aan de hand van vaststellingen enkele bedenkingen wensen te maken. Mogen we eerst en vooral vragen om onderstaand "Rondeau" van Charles d'Orléans (1391-1465) te willen vergelijken met een fragment uit het gewraakte gedicht van Claus?

> Le temps a laissé son manteau
> De vent, de froidure et de pluie,
> Et s'est vêtu de broderie,
> De soleil luisant, clair et beau.
>
> Il n'y a bête ni oiseau
> Qu'en son jargon ne chante ou crie:
> Le temps a laissé son manteau!
>
> Rivière, fontaine et ruisseau
> Portent en livrée jolie
> etc...

En nu Hugo Claus, vijfhonderd jaar na de dood van Charles d'Orléans (Hij moest het eens weten!):

> En weer legt het weer zijn jasje af
> van wind en kou en regen
> en komt ons in een gilet van taf
> brokaat en zomer tegen.

Geen beest en geen vogel
die in zijn bargoens niet jodelt.
Weer legt het weer zijn jasje af.
Rivier, fontein en sloot
dragen livrei...

1963 was in de inheemse literatuur het veelbesproken jaar van
het plagiaat. Het was prettig om het keurig trapezewerk van onze
kritici (met of zonder gezag) te bewonderen. Wat is nu onze visie?
Plagiaat of niet? Persoonlijk staan we open voor elk literair experiment van om het even welke allure; alleen geloven wij nog steevast
in oorspronkelijkheid. [*Vlaams Weekblad*, 22 februari 1964]

Er staat inderdaad in *Het teken van de hamster* een vertaling van
een gedicht van Charles d'Orléans [...]. Het is een bijna letterlijke
vertaling van [...] een van de bekendste klassieke Franse gedichten.
[...] Ik heb dat gedicht niet alleen vertaald, maar er iets mee trach-
ten te bewijzen. [Ik heb] in het gedicht van Charles d'Orléans referenties [...] verwerkt naar actuele gruwelijke uitwassen van de
kolonisatie door de Europeanen in Afrika. Daardoor wordt het
beeld van de lente zoals de klassieke dichter haar oproept, vertroe-
beld, verstoord. Een oude optiek wordt veranderd. En die verandering teweegbrengen door een klassieke tekst zodanig in situatie
te stellen dat hij een nieuwe betekenis krijgt, dat is een volmaakt
verantwoord literair procédé. Er zijn voorbeelden genoeg daarvan
in de plastische kunst, de muziek en de letterkunde. Denk aan wat
Picasso gedaan heeft met Delacroix, Velasquez of de Griekse vazen.
Ezra Pound en T.S. Eliot hebben deze manier bijna doorlopend
gehanteerd. [Hugo Claus in een interview in: *Het Laatste Nieuws*,
19 maart 1964]

Ja, dat heb ik altijd gehad, ook in *De Oostakkerse gedichten*, dat
zit ook vol met verwijzingen. Ik heb daar niets tegen. Wij schrijven
boeken nadat wij boeken gelezen hebben, nietwaar? [Hugo Claus
in een interview in: H.U. Jessurun d' Oliveira, *Scheppen riep hij
gaat van Au*, Polak & Van Gennep, Amsterdam, 1965, p. 133]

Voor de vlijtige speurders naar plagiaat die zo welig tieren in ons land, zij vermeld dat elementen in dit stuk [*Het goudland*] werden ontleend aan: *Milton* van William Blake, *Elektra* van Sofokles, *Inleiding tot Histoire d'O* van Jean Paulhan, *Gedichten* van Juan de la Cruz en *Pierrot-le-Fou* van Jean-Luc Godard. [Hugo Claus aan het slot van zijn bewerking van Hendrik Consciences *Het goudland* (1966)]

Is dat tactvol?
Ik vind dat zeer beleefd. Daarmee ben ik een aantal mensen van dienst, nietwaar. Hun voornaamste bestaansreden is dat zij gaan zoeken naar invloeden en naar het zogezegd plagiaat bij mensen. Dus nu breng ik het op een schoteltje. Alles wat ze maar moeten doen is nu kopiëren. Ik vind dat het zeer voorkomend was tegenover deze kunstluizen. [Hugo Claus in een interview voor de BRT-Derde Programma, 3 december 1966]

Claus is Dylan Thomas. Hij heeft het geluk gehad dat die hier niet zo bekend is, maar haal 100 sleutelwoorden uit Claus, dan vind je 80 ervan ook terug bij Thomas. Claus assimileert knap, is een knap verwerker. [Paul Snoek in een interview in: *Humo*, 29 april 1976]

Bij de oude Chinezen was het een compliment als men zei dat het werk ergens op leek. Bij de Vlaamse lezer moet je uit een boom vallen en direct een *Ulysses* schrijven. [Hugo Claus in een interview in: *De Standaard*, 28 juni 1976]

De vraag dient echter gesteld wat Hugo Claus [...] ertoe bewoog om [in de gedichtencyclus *Het Jansenisme*] dit brokje Westeuropese geschiedenis op deze manier poëtisch te verklanken? [...] het doorslaggevende argument was ongetwijfeld wel het feit dat Louis Cognet in 1961 over de ondoorzichtige problematiek van het jansenisme een zeer leesbaar en bovenal goedkoop overzicht had gepubliceerd [*Le Jansénisme*, Presses Universitaires de France, "Que sais-je?" 960, Paris], waaraan een creatief auteur, benevens een titel als "Het Jansenisme", naar hartelust realia, terminologie en voorgekauwde zinnen kon ontlenen. [Dirk de Geest in: *Spiegel der Letteren*, 1984, 26/1-2, p. 37]

De "meesters" – ook Claus is daar, zoals je weet, niet schuw van – banen zich naar het voorbeeld van T.S. Eliot met vorstelijke schreden een weg door het werk van anderen en gappen onderweg alle bruikbare gerief mee. Bij Claus wordt dit achteroverdrukken van andermans geestelijk goed verheven tot een eigenschap en door geleerde aureoolwevers als "intertextualiteit" bewierookt. [...] Waar Hugo Claus zijn mosterd haalt is zo langzamerhand niet alleen de in-crowd, maar heel de letterdievende bevolking van Noord en Zuid bekend. Alleen wie het niet horen wil weet het niet: dat *De Metsiers* verrassend veel overeenkomsten vertoont met Faulkners *The sound and the fury* en dat het toneelstuk *Vrijdag* een handig arrangement is van het verhaal "De biezenstekker" van Cyriel Buysse. In *Daar is het gat van de deur* meesmuilt Gerrit Komrij: "Het gekke is: als je Hugo Claus leest, moet je altijd aan iemand anders denken, maar je weet nooit precies aan wie." Dat is heel kies gezegd. Ik weet drommels goed aan wie. Als ik de poëzie van ons nationaal genie lees, moet ik aan Ezra Pound en Dylan Thomas denken. Dat is natuurlijk niet echt plagiaat, zo'n verrekte domoor is de lieveling der goden niet; nee, dat is ideeënroof, ontvreemding van gedachtengoed, en dat wordt niet alleen oogluikend toegestaan, maar waar het pas geeft ook beloond met de Prijs der Nederlandse Letteren. [Ward Ruyslinck, *IJlings naar nergens*, Manteau, Antwerpen/Amsterdam, 1989, p. 221-223]

Je hebt altijd debielen die niet kunnen lezen, en dan heb je nog jaloerse debielen, dat is dubbel zo erg [...]. Ik kan er verder niets over zeggen omdat het te idioot verwoord is. Blijkbaar kan Ruyslinck niet lezen en weet hij niet dat er teksten beschikbaar zijn, waarmee een schrijver iets anders kan doen. Dat is een zeer legitiem literair verschijnsel. Toen Shakespeare *Hamlet* schreef, waren er ongeveer twaalf *Hamlets* in omloop. Wat goed is voor Shakespeare is goed voor mij en is blijkbaar niet goed voor Ruyslinck. [Hugo Claus in een interview in: *De Morgen*, 21 januari 1989]

Pikken, daar weet ik alles van. Als ik een oude Griek bewerk, heb ik reden om te zeggen dat dat van mij is. Die Griek heeft die stof toch ook maar van een andere oude Griek? Toen Shakespeare zijn *Hamlet* schreef was dat de vierde van dat jaar. Alleen schreef hij de beste versie en die heeft de tijd doorstaan. Maar naast die bewerkingen heb ik meer dan voldoende geschreven dat echt van mij alleen is. Van de 140 boeken die ik publiceerde, zijn er maar 30 bewerkingen. [Hugo Claus in een interview in: *Het Binnenhof*, 6 maart 1989]

Tekening van GAL

Geloven

In *De hondsdagen* is de wereld niet enkel klein, maar ook benepen. Een christen kan binnen deze grenzen niet ademen en ook de meeste anderen zullen zich té beklemd voelen om het langere tijd uit te houden. [Remi van de Moortel in: *De Gentenaar*, 28 december 1952]

Voor katholieke toneelverenigingen is dit werk [*Het lied van de moordenaar*] bepaald ongeschikt. [Paul Hardy in: *Boekengids*, z.d.]

Het blijkt nu ten overvloede dat de katolieke pers gelijk had de tekst van Hugo Claus [*Van de Vikings tot Keizer Karel*] aan te klagen. [Hier] wordt de kristelijke middeleeuwse beschaving in een volledig vals daglicht gesteld en dit maar niet met een paar venijnige speldeprikken, maar doorlopend heel het spel door. Claus heeft, waarschijnlijk in opdracht van het links stadsbestuur de ganse katolieke godsdienst en het kloosterleven willen belachelijk maken. [*De Standaard*, 1 juli 1957]

[...] wat in boeken als deze [*De koele minnaar*] openbaar wordt maakt ons duidelijk dat de "vrije volken" niet heiliger zijn dan die achter het ijzeren gordijn en dat het alleen maar genade (of uitstel) is dat onze westerse samenleving niet door de gekleurde rassen onder de voet wordt gelopen. Het zout van de "christelijke beschaving" is smakeloos geworden. [C. Rijnsdorp in: *Nieuwe Haagsche Courant*, 4 januari 1958]

Ik kan u de verzekering geven, dat duizenden katholieke luisteraars de mening zullen delen, dat het uitzien naar een tweede uitzending van *Onder het melkwoud*, zoals uw redactie wenst, onbegrijpelijk voorkomt. [lezersbrief (v.D. uit Nootdorp) in: *Het Binnenhof*, 7 november 1958]

Zelfs de flauwste heenwijzing naar een positieve levensvisie is [in *Suiker*] afwezig. Hier nu behoort de christelijke recensent voor zijn christelijke lezers het signaal op onveilig te zetten. Niet om van elke toneelschrijver een moralist te maken, maar wel om zijn publiek te helpen heen te kijken door de opvatting, alsof hier slechts situaties worden beschreven en alsof Claus niet door deze ogenschijnlijk neutrale beschrijving, niet zijn eigen afvallig evangelie van de zinloosheid brengt. [lezersbrief (C.J. Oranje en J.G.M. Rood) in: *De Volkskrant*, 29 november 1958]

Sommigen zullen willen hebben dat hij altijd verder in de toonaard van *De Metsiers* en *Het mes* zou schrijven. Of zij dat zullen verlangen alleen uit liefde voor de kunst, weten wij niet. Soms vrezen wij dat er een andere bedoeling bijkomt: de hoop op die manier het morele bewustzijn te helpen vernietigen en de gelovigen dwars te zitten. [...] De kristenen mogen zich niet moedwillig blootstellen aan een beïnvloeding, die voor hun zedelijk handelen een gevaar uitmaakt. [André Demedts, *Het Nieuwsblad* (?), 5 februari 1959]

Hugo Claus heeft zich met zijn nieuwe roman *Omtrent Deedee* openlijk geschaard in de rijen van hen, voor wie het vuilste vuil nog niet vuil genoeg is om naar de Roomse kerk te gooien. [...] En wat zegt de uitgever op de flap: "Zelden heeft Hugo Claus de menselijke onschuld en perversiteit zo subtiel neergeschreven"...Is zo'n reclame-uitroep een uiting van onschuld of perversiteit? Ik weet het niet; wel, dat iedere letter nog meer verspild aan deze vunzigheid te veel eer zou betekenen voor boek en schrijver. [Ev. Grolle in: *Nieuwe Haagsche Courant*, 27 april 1963]

[...] ik meen [...] dat *Omtrent Deedee* een boek is waarover nauwelijks een goed woord te zeggen valt. [...] *Deedee* zit bovendien zo boordevol sexuele en andere perverse abnormaliteiten dat Claus' roman is verworden tot een anti-rooms en niet eens meer anti-clericaal schotschrift. Zijn haat moet wel heel diep en groot zijn. [*Friese Koerier*, 18 mei 1963]

Er wordt regelmatig van u gezegd...
...dat ik een vuile schrijver ben. Iemand met een ongezonde belangstelling voor het sexuele (glimlacht). Wij leven sinds het ontstaan van het kristendom onder druk van een groot aantal taboes (behalve de erfzonde is ook de lichamelijke liefde buiten het huwelijk zondig...). [...] Natuurlijk ben ik volgens de bepalingen van de kristelijke leer een vuile schrijver. Maar ik vind het een eer als een katoliek zich geschokt voelt bij het lezen van mijn boeken. Dat betekent dat hij leest met vooroordelen, met oogkleppen aan. En zulke lezers wil ik juist niet. [Hugo Claus in een interview in: *Vooruit*, 14 januari 1966]

Claus is, dat is wel geen geheim, een volkomen a-religieus mens. Dat is zijn absolute recht en iedereen kan weten dat deze zijnshouding hem in artistieke zin reeds herhaaldelijk tot merkwaardige realizaties heeft gebracht. Maar blijkbaar bestaan er hier grenzen. Niet dat de geloofssfeer voor hem taboe zou moeten verklaard worden; wel dat hij duidelijk een begripsbenadering mist die hem in staat stelt om zich met het fenomeen der religiositeit te meten. In concreto betekent dat voor deze *Masscheroen* dat Claus niet gelooft in het begrip zondigheid en dat is andermaal zijn volle recht. Maar meteen ontsnapt hem een dimensie die precies de grondslag uitmaakt van *Mariken van Nieumeghen*. Ik kan dan ook nauwelijks spreken over onthulling en profanatie in deze bewerking, al heeft deze evident vooropgestaan. Claus mist het absoluut noodzakelijke kontakt met dit basispunt om in staat te zijn tot het toebrengen van vitale slagen. [C. Tindemans in: *De Standaard*, 3 januari 1968]

Als ik dergelijke boeken [als *Schaamte*] lees, moet ik steeds weer denken aan wat Rijnsdorp eens schreef in *De moderne roman in opspraak* (p. 26): "Men kan niet genoeg herhalen dat God ons christenen in de jongste dag zal vragen, hoe we op de uitdaging van de moderne literatuur hebben gereageerd." [Hans Werkman in: *Koers*, 5 mei 1971]

De titelcyclus, "De Wangebeden", zal wel bedoeld zijn als de meest aanstootgevende: hij is opgevat als een pervertering van het gebed en van de H. Mis (de Eucharistieviering in het pastorale jargon). [...] Het is niet de eerste keer dat Claus dit stramien gebruikt. [...] Niet veel nieuws dus, en al evenmin veel zaaks. Opgewarmde kost in alle denkbare betekenissen. De opgeklopte haat tegen alle religie begint langzamerhand erg anachronistisch te worden, alleszins in de vorm zoals die hier verschijnt. [...] deze retorisch-blasfemische scheldpartijen missen beslist de intelligentie én de originaliteit om wat dat betreft ook maar enigszins doelmatig te zijn. [Hugo Brems in: *DWB*, januari 1979, p. 55]

Het lijkt wat vreemd dat een schrijver eerst een zeer anti-katholieke dichtbundel [*De wangebeden*] publiceert, om een paar jaar later met sympathie het lijden van een oude non (nota bene met verwijzingen naar dat van Christus) op papier te zetten. Deze tegenstelling is slechts schijnbaar. Ook dit keer moet Claus' gehate Moederkerk er aan geloven. Hij schetst Mechthild als slachtoffer van dit instituut, een slachtoffer van haar opportunistische, schijnheilige en harteloze omgeving. [August Hans den Boef in: *De Volkskrant*, 2 mei 1981]

De klacht van Ben Doornbos, boekhandelaar te Groningen, tegen het Boekenweekgeschenk 1989 lijkt weinig kans te maken. [...] Hij schrijft dat het Boekenweekgeschenk, *De zwaardvis* van de schrijver Hugo Claus, "tegen alle christelijke normen ingaat en door de christelijke/evangelische boekhandel niet zonder gewetensbezwaar kan worden uitgereikt." [*Reform. Dagblad*, 8 maart 1989]

Zeden

Onder zedelijk oogpunt beschouwd is *De Metsiers* een afstotend boek. [André Demedts in: *DWB*, april 1951, p. 240]

De wereld die Hugo Claus [in *Een bruid in de morgen*] toont, is door en door ziek, de sfeer is tot misselijk makens toe ongezond. [...] wij kunnen dan ook uit hoofde van geestelijke hygiëne niemand een bezoek aan dit afschuwelijke stuk aanbevelen. [*De Maasbode*, 3 oktober 1955]

[*De koele minnaar*] is zeker geen boek, dat men zonder voorbehoud ter lezing kan aanbevelen, integendeel voor zeer vele lezers is dit eerder een verwerpelijk boek, dat ze beter niet kunnen lezen. Het eist op zijn minst geestelijke volwassenheid en dus een zeer groot voorbehoud. [Jos Panhuijsen in: *Het Binnenhof*, 2 februari 1957]

Aan de orde is [in *Het lied van de moordenaar*] een uitstalling van vuil, uitsluitend beperkt door overwegingen, die aan de openbare orde ontleend zijn. [...] Men zit erbij te kijken als in het apenhuis, met dit verschil alleen dat apen zindelijker zijn. [*De Tijd*, 25 maart 1957]

Over de moraliteit zullen wij het hier niet hebben, moraal is bij schrijvers als Claus uit de tijd. [*Hier Rotterdam*, 29 maart 1957]

Verschillende verhalen uit *De zwarte keizer* zijn [...] zo rauw en ongekuist op het geslachtelijke afgestemd, dat het boek daardoor voor alle jonge en zelfs voor de meeste volwassen lezers af te raden wordt. [André Demedts in: *Het Nieuwsblad* (?), 5 februari 1959]

Uiteraard dient *De zwarte keizer* vanwege zijn vrijmoedigheid tot de vrij streng voorbehouden lectuur gerekend te worden. [Jos Panhuijsen in: *De Gelderlander*, 6 juni 1959]

Claus' pornografisch snobisme wordt in *Omtrent Deedee* een regelrechte obsessie. Dat er volop gespeculeerd wordt op de braak-neigingen van de eventuele lezer, schijnt helaas voor de onder-humanisten van vandaag een onontbeerlijke voorwaarde tot succes te zijn. [*'t Pallieterke*, 25 mei 1963]

Wegens de vorm veronderstelt dit verhaal [*Omtrent Deedee*] lite-rair-geïnteresseerde lezers; de inhoud is in zulke mate stuitend dat de lektuur van het boek liefst beperkt blijve tot zeer kritische vol-wassenen. [Paul Hardy in: *Gazet van Antwerpen*, 25 juni 1963]

Indien een auteur als Claus zijn talent vergooit aan schaamtelo-ze vuilschrijverij van het laagste allooi [zoals in *Omtrent Deedee*] en daarbij zijn koopgraag publiek in het ootje neemt, dan is het met de "vrijheid" van de kunstenaar bedroevend gesteld. [Marcel Janssens in: *DWB*, juli 1963, p. 456]

Maar Claus verwerpt niet alleen God, de maatschappij en de tra-ditionele moraal. Hij ontluistert de mens en het leven, en helaas ook nog de droom. Wat hij behoudt is slechts de "vuiligheid" […]. [Martien J.G. de Jong in: *DWB*, oktober 1963, p. 644]

Het lied der welvaartvlamingen

Waar moord en diefstal bloeien
en menig vuilaard loert,
waar blote venten stoeien
door Claus ten toneel gevoerd,
waar striptease-koten en keten,
tot 's morgens rijk bemand,
de haard zijn der proleten,
daar is, daar is ons vaderland.
[*'t Pallieterke*, 27 februari 1969]

We blijven het echter betreuren dat Hugo Claus de goegemeen-te altijd opnieuw wil verbluffen of ergeren door een verregaande platvloersheid. […] we blijven op het standpunt staan, dat de meest realistische roman moet kunnen geschreven worden zonder dat een normale volwassene zich afkeert van de viezigheid van het verhaal en de schunnigheid van de dialogen. [Remi van de Moortel in: *Gazet van Antwerpen,* 20 oktober 1978]

Claus' beschrijvingen [in *De verzoeking*] zijn vaak onnodig onsmakelijk. [*Provinciale Zeeuwse Courant,* 24 oktober 1981]

Tekening voor het eerst verschenen in *'t Pallieterke* n.a.v. de *Masscheroen-*zaak en sindsdien vele malen herdrukt

Tekening uit *De Eecloonaar* n.a.v. de poëziepublicatie *Een weerzinwekkend bezoek* bij tekeningen van GAL t.g.v. het pausbezoek in 1985

Vlaanderen

De Vlamingen zijn een zelfgenoegzaam, goed volk. Maar een dom volk. Laten wij het eerlijk zeggen. Diegenen die me verwijten dat ik de Vlamingen altijd "aanval", schijnen niet in te zien dat dit gebeurt uit een enorme belangstelling, een enorm verlangen om hen voor de realiteit te stellen die anderen willen kamoefleren. [...] Maar zodra als men van deze dingen ook maar iets durft te zeggen dat niet in het lijntje ligt, dat indruist tegen het zoetsappige aanvaarden van Vlaanderens grootheid, dechaineert men ineens iets dat alle proporties verliest. In een Vlaams blad kon men deze week lezen: "Hugo Claus, een psychopaat". [...] Een andere krant schreef in verband met wat ik gezegd had over die kulturele mistoestanden: "Moeder Vlaanderen, die de melk geeft aan haar zonen, heeft al meer verraad gekend...". [Hugo Claus in een interview in: *Humo*, januari 1962]

In *Humo* is een interview verschenen van onze nationale Hugo Claus. De jongen heeft zijn best gedaan om, zoals hij dat zijn reputatie verplicht is, zoveel mogelijk brave burgers te ergeren door het uitkramen van een hoop verwaande onzin. [...] Te Antwerpen kent het kleinste kind Claes (Ernest), maar van Claus (Hugo) hebben velen zelfs nooit gehoord. Wat natuurlijk voor Claus alleen maar het zoveelste bewijs zal zijn van hun achterlijkheid. [*'t Pallieterke*, 25 januari 1962]

Toen mijn *Bruid in de morgen* in Nederland werd gecreëerd, was de pers er zeer lovend. Acht op de tien bladen waren zelfs geestdriftig, één was meer gematigd en *De Tijd* was bepaald afbrekend. Wat deed de Vlaamse pers? Juist deze enige, negatieve kritiek nam zij over. [Hugo Claus in een interview in: *Het Volk*, 7 december 1965]

Het is voor een Nederlander totaal ongeloofwaardig hoe ik hier ben tegengewerkt, ook door de zogenaamde serieuze kritiek. Vroeger hield ik bij wat ze over mij schreven, maar op het laatst wist ik van tevoren welke krant welk stuk zou schrijven, ik kon het desgewenst zelf maken. Sommige bladen hebben jaar in jaar uit niet anders gedaan dan mij aanvallen, beschimpen en ridiculiseren – rechtse tijdschriften vooral, en ultra-flamingante. [...] Op de dag dat *'t Pallieterke* één goed woord over me schrijft leg ik de pen neer, want dan ben ik reddeloos op de verkeerde weg. [Hugo Claus in een interview in: *Elseviers Weekblad*, 29 juli 1967]

Ik schrijf boeken die soms over Vlaanderen gaan, een literair gemanipuleerd en gedroomd Vlaanderen. Het is niet het echte Vlaanderen, maar het Vlaanderen dat ik maak is een wereld die toevallig in zulk een boek past. Als ik een deel van dat wereldje kan verkopen, is dat mijn recht. Ten tweede is het geenszins zo, dat dit smalend bedoeld is, dat ik misprijzend sta tegenover dat wereldje. In elk geval niet smalender of misprijzender dan de attitude die ik heb tegenover andere volkeren of andere gemeenschappen, die ik ook in mijn boeken gebruik. [Hugo Claus in een interview in: *De Nieuwe*, 27 april 1979]

Ik heb geen hekel aan Vlaanderen. Anders had ik dit boek niet gemaakt. Vlaanderen, dat is mijn taal, mijn aard, mijn perversiteiten, frustraties, wortels, haatliefde. Een personele binding noemen ze dat. Je zult er maar mee zitten – en de Vlamingen zitten met míj. Het verdriet van België, in levenden lijve. [Hugo Claus in een interview in: *Elseviers Magazine*, 26 maart 1983]

Aan Vlaamse kant werd de Prijs der Nederlandse Letteren eerder toegekend aan Herman Teirlinck, Stijn Streuvels, Gerard Walschap, Marnix Gijsen en Maurits [sic] Gilliams. Op het letterkundige plan past Hugo Claus in die rij, al mist hij, bij vergelijking, wel de literaire integriteit van het vijftal dat hem vooraf is gegaan. Op het Vlaams-humanistisch en op het humanistisch-literaire plan is er echter geen overeenkomst te vinden. Teirlinck, Streuvels, Walschap, Gijsen en Gilliams zijn zich – ieder op hun manier en soms met afwijkingen – bewust geweest dat ze tot een

Vlaamse gemeenschap behoorden voor dewelke ze, als de nood aan de man kwam, hun steentje dienden bij te brengen. Ze hebben de waarden van de geest en van de Vlaamse kultuur altijd positief benaderd en ze hebben niet geaarzeld positie te kiezen voor het eigen volk, buiten elke politiek om, zoals het grote meneren paste. En juist dát, het positie kiezen, als wereldburgers, voor de eigen kultuur, voor de eigen geesteswaarden, dat hebben we bij Hugo Claus nooit gevonden. [Jan D'Haese in: 't *Pallieterke*, 10 juli 1986]

[...] ik stel er uitermate prijs op vooral niet gewaardeerd te worden door tuig. Maar ik zit me daar niet over op te winden, hoor; men krijgt me nooit zover dat ik een ingezonden brief wil sturen. Dan had ik allang een wekelijkse correspondentie met 't *Pallieterke* kunnen opzetten. Het verdriet me dat er soms een week voorbijgaat zónder dat mijn naam in dat blad wordt genoemd. Angst slaat me in dat geval om het hart. Bang denk ik dan: misschien komt er uit die hoek ooit een vorm van waardering. Dan kan ik wel inpakken. [Hugo Claus in een interview in: *Humo*, 23 april 1987]

Bij Claus ben ik ook altijd getroffen door zijn onontvreembare Vlaamsheid. Zijn romans kunnen niet door een Zuid-Amerikaan, een Nederlander of zelfs een Antwerpenaar geschreven zijn. Elke zin zweet Vlaanderen uit. Ik zou zelfs durven zeggen: West-Vlaanderen. Als je ziet welke universele proporties dat werk toch heeft, dan buig ik diep. [Hugo Van den Berghe in een interview in: *De Standaard*, 27 februari 1997]

Het is niet zo dat Vlaanderen spreekt bij monde van Hugo Claus, Tom Lanoye en al die "sjarels", er is een ander Vlaanderen dat vanuit zijn eigenheid contact zoekt met Nederland en omgekeerd, en dat moet groeien vanuit de basis. [Herman Suykerbuyk in: *Gazet van Antwerpen*, 17 april 1997]

Tekening uit *Het Parool*, 16 januari 1998 van STEEN

Holland

[In de roman *De verwondering* worden de personages] zo vaak ondergedompeld in de woelige baren van woorden, woorden, woorden, dat zij op den duur meer drenkelingen lijken dan karakters. [...] Het is afgezaagd om de eenvoud als het kenmerk van het ware te signaleren, maar opgaan doet het nog wel. [Jan Spierdijk in: *De Telegraaf,* 13 oktober 1962]

Beheerstheid en soberheid gelden in Nederland als grote deugden. [...] Ik ben het er niet mee eens en ik vind ook dit weer typisch Hollands. Drie adjectieven zijn altijd beter dan één, tenminste als ze een functie hebben. Daardoor wordt het juist kunst, die nu eenmaal een zekere overdaad, een bepaalde wijze van versiering moet zijn. [Hugo Claus in een interview in: *Vrij Nederland,* 29 februari 1964]

Niet alleen dat men bij Claus een bepaalde vorm van barok en een sensualiteit aantreft, die men in het werk van de Hollanders mist en die stellig een uitvloeisel is van diezelfde volksaard die maakte dat Vlaanderen destijds wèl een Rubens opleverde en de Zeven Provinciën niet, maar wat speciaal treft is de zeer grote plaats die "Vlaanderen", en al wat daar voor staat, in zijn werk inneemt. [Cees Buddingh' in: *Film/ Schrijf/ Krant,* 8 oktober 1965]

De poëzie van Claus is Vlaams, in hart en nieren: barok en sensueel. [...] Veel van Hugo Claus' poëzie blijft, althans waar het deze lezer betreft, door woordgeweld en vrij oncontroleerbaar beeldgebruik in het eigengereide hangen. [J. Bernlef in: *De Groene Amsterdammer,* 20 november 1965]

Hugo Claus stuurt ons woorden, woorden, woorden. Hoe meer deze zich in de 350 pagina's van zijn verzamelbundel [*Gedichten 1948-1963*] aaneenrijgen, hoe ondoorzichtiger het werk wordt.

Het lijkt wel, of er sinds Vondel nooit meer zo overdadig in het Nederlands is gedicht als door Hugo Claus. Hij stelt ons bloot aan een bolderende stoet van grote woorden, die ons verdoven in plaats van ons wekken, die om ons heen wapperen in plaats van ons te treffen. [Richter Roegholt in: *Het Vrije Volk*, 27 november 1965]

[...] meestal hanteert Claus [in *Heer Everzwijn*] een retorico-ronkende vorm, waarbij het er niet toe doet of je er een strofe bij-breit of afhaalt, al gooi je er tien strofes bij. [Gerrit Komrij in: *Het Parool*, 2 oktober 1971]

Je gebruikt dan ook ook liever vijf woorden dan één?
Ja, ik zie 't overal om me heen, de bloedarmoede wordt verheven tot deugd, de eenvoud wordt een conditio sine qua non, en ik ben toevallig niet van dat soort. Dus waarom zou ik me laten beïnvloe-den door de polaroïd-poëzie van het moment? Ik doe precies wat me door 't hoofd komt, en door m'n maag en door m'n galblaas en door m'n hart. [Hugo Claus in een interview in: *Humo*, 6 januari 1972]

Hij vertilt zich graag en vaak aan festijnen van woorden en ideeën in zijn klankspelen of groots aandoende bewerkingen van klassieke voorbeelden, maar het hoort bij hem risico's te lopen, al stelt hij de terugkeer naar zijn Vlaamse oorsprong, dikwijls in zijn poëzie, nooit te lang uit. [*NRC Handelsblad*, 7 april 1972]

Gedichten 1969-1978 is een verbrokkeld boek. Soms de vertrouw-de Claus maar meestal de Claus van veel te veel woorden. Taalrijkdom, heet dat. Het moet gezegd worden: Claus zijn taalvaar-digheid is nog steeds fabelachtig. Dat is het voordeel van een Vlaming te zijn. [...] Claus is echter aan het verdrinken in zijn gigantische vocabulaire. Ik hoor Claus zijn stem nog wel, zie nog wel armen en voeten uit zijn poëziewater steken maar de hele Hugo komt niet meer boven drijven. [Boudewijn Büch in: *Het Parool*, 13 juli 1979]

Al die adjectieven? Te veel, uiteraard, het ontspoort,
eenvoud is de lagelandse deugd, zeg alles in één woord.

Armoe is troef, zeggen de detectieven van hoe het hoort
in het Nederlands (exclusief in Holland gebrouwd
en tot communicatief parool vernauwd).
[Hugo Claus n.a.v. de toekenning van de Constantijn Huygensprijs
(1979) in de dichtbundel *Almanak*, 1982]

Dat Claus als dichter in Nederland nooit die naam heeft gehad
die hij als prozaïst vestigde, heeft met de aard van zijn werk te
maken. Bij ons werden de expansieve woordenrijke Vijftigers al vrij
snel afgelost door een nuchterder, realistischer generatie. [...] Maar
in Vlaanderen bleef die poëzie van woordenstroom en experiment
[...] veel langer aan het bewind. [Rob Schouten in: *Vrij Nederland*,
4 juni 1994]

Tekening van GAL

Commercie

Ik ben een kunstenaar die heel nauwgezet aan iets werkt, maar een keer dat het kunstwerk af is wil ik er ook centen voor hebben. Op dat moment verander ik in een hebberige kruidenier. [Hugo Claus in een interview in: *Humo*, 6 januari 1972]

Voor mij heeft Hugo Claus [met *Thuis*] zijn publiek in de maling genomen met pseudo-Vlaams pseudo-volkstoneel. Voor een duur betaald goedkoop succes. [*De Telegraaf*, 2 oktober 1975]

Ik ben geen kapitalist. [...] ik heb een paar heilige princiepen en één daarvan is dat geld nooit geld mag opbrengen. Ik maak het allemaal op maar daarmee loop je dan ook meteen in de kijker. [Hugo Claus in een interview in: *De Standaard*, 28 juni 1976]

Met wat meer handelsgeest, maakte je hier [Het verdriet van België] toch 23 novelles van?
Ja. Hetzelfde geldt voor *Almanak*, een boek met 366 gedichten, een almanak voor een schrikkeljaar dus. Dat is verschenen in oktober, en daar heeft nog geen haan naar gekraaid. In zes maanden is daar één dun reepje in de *NRC* over geschreven. Als ik commerçant was geweest had ik daar tien boekjes van elk dertig gedichten van gemaakt, listig verspreid over de komende drie jaar, met mooie enigmatische titels. [Hugo Claus in een interview in: *Humo*, 31 maart 1983]

Publicitair gezien waren die negatieve kritieken niet zo slecht. Claus heeft dat zelf ook een beetje uitgelokt, hij zorgde zelfs zo nu en dan voor een extra schandaaltje. Op dat gebied is hij een soort middenstander die reclame maakt voor zichzelf. [Paul Claes in: *Panorama/De Post*, 13 oktober 1994]

In tegenstelling tot de meeste van zijn collega's kan Hugo Claus zichzelf op een grandioze manier verkopen. Vraag mij wat het beste is dat hij ooit heeft gecreëerd, dan moet ik daar eerlijk op ant-woorden: de mythe rond zijn eigen persoon. Wat niet betekent dat de rest niet goed zou zijn. [Walter van den Broeck in: *Panorama/De Post*, 13 oktober 1994]

Een gebrek aan reklame, het zal Claus niet overkomen. Misschien heet de grootste machine achter Hugo Claus gewoon Hugo Claus. De Schrijver als eigen marketingmuze. [J.S. in: *De Standaard*, 8 november 1994]

En dat literatuur zelf steeds meer in het vaarwater van show, mediacampagnes en entertainment terecht komt, wat bleek uit het spektakel rond de nieuwe roman *Belladonna* van Hugo Claus. [...] Een verdere "Belladonnisering" van het boek kan ons best bespaard blijven. [Jos Vranckx in: *Gazet van Mechelen*, 14 november 1994]

Zo wordt Vlaanderen overspoeld door een Clausiaanse kabbe-ling van interviews en babbels en tatershows, en tussendoor zien we in het journaal hoe de auteur van zijn uitgever het eerste exem-plaar van *Belladonna* krijgt, en hoe hij dat uitnodigend, zij het wat schaapachtig aan de kijker toont. Wat is er toch aan de hand? Heeft hij weer een patriciërspand gekocht? Zelfs *De Morgen* heeft zo zijn vragen bij de hype. Zou het kunnen dat we stilaan het verzadi-gingspunt naderen, vraagt letterkundig redacteur Bernard Dewulf zich af. En: "Is er niet meer gepromoot dan bericht en gecom-mentarieerd?" Dewulf heeft dat beslist niet lichtvaardig neerge-schreven. Zijn orgaan mocht vier pagina's advertentie voor de Tournée Générale afdrukken. [Jos de Man in: *HP/De Tijd*, 18 november 1994]

Met wat Claus dit jaar verdient, kan hij dus opnieuw met zijn hofhouding naar Monte Carlo. [Hans Vandevoorde in: *De Financieel-Economische Tijd*, 17 mei 1997]

De luis in de pels

Piet Piryns

Dezelfde journalisten die zich eerst tegen de broekspijpen van Hugo Claus aanfleemden proberen hem nu in de enkels te bijten. Een overzicht van de binnenlandse pers.

Hoeveel zou Hugo Claus in 1994 verdienen aan zijn roman *Belladonna* en aan zijn "Tournée générale"? Vier miljoen frank, schat de redaktie van *De Standaard*. Zou dat meer zijn dan andere Vlaamse kultuurdragers als Luc Appermont of Isabelle A.? Meer dan Marc Degryse? In ieder geval meer dan genoeg om een plaatsje te krijgen op de pagina's ekonomie en financiën van *De Standaard*. Een beetje verloren tussen berichten over de verkoop van de Boomse Metaalwerken en over de samenwerking tussen de computergiganten IBM, Apple en Motorola stond vorige week een foto met een opmerkelijk onderschrift: "Hugo Claus brengt Roger Raveel en Simon Vinkenoog de basisprincipen van marketing bij."
De katolieke pers heeft het altijd moeilijk gehad met Claus. Criticus Freddy de Schutter schreef destijds in de *Standaard der Letteren*: "Ik schat dat er met de leesbare gedeelten van *Het verdriet van België* wel een boekje van honderd bladzijden vol te krijgen is." En professor doctor Marcel Janssens kapittelde Claus in *Dietsche Warande en Belfort*: "Zijn boek [*Het verdriet van België*] is zeuriglang, het zit vol onnozel, anekdotisch kleingoed, met lullig gebabbel en banale flauwekul."
Wie schrijft, die blijft!
Claus zelf wil zijn critici nog wel eens vergelijken met honden die tegen het Parthenon pissen. Altijd lachen: "Wat bekommert zich de leeuw om de vlooien in zijn vacht?" Maar de voorbije weken richtte de kritiek zich plotseling niet meer op de inhoud en de literaire kwaliteiten van zijn werk: het ging er om dat De Meester (zoals hij nog altijd eerbiedig wordt genoemd) te veel aandacht krijgt. En dat

vond niet alleen de katolieke pers. De krant *De Morgen*, een van de sponsors van "Tournée générale", publiceerde eerst een katern van vier pagina's over Claus en ontdekte vervolgens dat er sprake is van een "een mediakanonnade". Mark Grammens vond in zijn wekelijkse nieuwsbrief *Journaal* dat Claus nu langzamerhand wel bewezen heeft dat hij een maatje te klein is voor de Nobelprijs. Grammens – anders altijd op de bres voor Vlaamse verankering – deed een oproep om in Stockholm voortaan "de *haalbare* kandidatuur van de Nederlandse schrijver Cees Nooteboom te verdedigen." Maar de palm gaat naar Johan Anthierens, die vijf jaar geleden – toen Claus zestig werd – nog de *claque* van de schrijver aanvoerde. In het laatste nummer van het weekblad *Markant* schrijft hij, met een subtiele verwijzing naar de operatie die Claus onderging: "Het kontlikken van de oude Belladonna begint gênant gerasp te vertonen. (...) Claus, paus van de Vlaamse letterkunde, dingt die andere vrouwvijandige prostaatprelaat naar de tiaar."

Gênant – inderdaad. Want als er al sprake is van *overexposure* ligt dat uitsluitend aan de media zelf en aan al die hoofdredakteuren die zo nodig het tweeëntwintigtste interview met Hugo Claus in hun blad willen – het kan niet iedere week Louis Tobback zijn. Het oude liedje: eerst wordt Jean-Pierre Van Rossem de hemel en het parlement in geschreven en daarna moet hij ontmaskerd worden. Aanbid wat je verbrand hebt en verbrand wat je aanbeden hebt. En passeer twee keer langs de kassa.

Lijst van illustraties

PRINTED ON PERMANENT PAPER • IMPRIME SUR PAPIER PERMANENT • GEDRUKT OP DUURZAAM PAPIER - ISO 9706

ORIENTALISTE, KLEIN DALENSTRAAT 42, B-3020 HERENT